河北省社会科学基金项目研究成果（项目名称：基于科
河北省高校科研诚信建设研究，项目编号：HB20JY004）

高校科研管理与科研诚信建设研究

杨 帆 ◎著

燕山大学出版社
·秦皇岛·

图书在版编目（CIP）数据

高校科研管理与科研诚信建设研究 / 杨帆著.
秦皇岛 : 燕山大学出版社, 2024. 11. -- ISBN 978-7-5761-0232-1

Ⅰ. G644

中国国家版本馆 CIP 数据核字第 20249GC497 号

高校科研管理与科研诚信建设研究
GAOXIAO KEYAN GUANLI YU KEYAN CHENGXIN JIANSHE YANJIU

杨　帆 著

出 版 人：陈　玉	
责任编辑：王　宁	策划编辑：王　宁
责任印制：吴　波	封面设计：刘韦希
出版发行：燕山大学出版社	电　　话：0335-8387555
地　　址：河北省秦皇岛市河北大街西段 438 号	邮政编码：066004
印　　刷：涿州市殷润文化传播有限公司	经　　销：全国新华书店
开　　本：710 mm×1000 mm　1/16	印　　张：14.5
版　　次：2024 年 11 月第 1 版	印　　次：2024 年 11 月第 1 次印刷
书　　号：ISBN 978-7-5761-0232-1	字　　数：215 千字
定　　价：75.00 元	

版权所有　侵权必究

如发生印刷、装订质量问题，读者可与出版社联系调换

联系电话：0335-8387718

前　言

"创新是引领发展的第一动力",只有不断推进科学研究的发展,才能促进科技创新,从而推进科技自立自强,支撑我国国家发展战略。高校作为科学研究的主要阵地,其科研管理的水平对于科技能力的提升具有重要的影响。在高校的科研管理中,科研诚信建设是不可或缺的一部分。近年来,各级党政部门对科研诚信建设越来越重视,特别是2018年以来,《关于进一步加强科研诚信建设的若干意见》《关于进一步弘扬科学家精神加强作风和学风建设的意见》《科研诚信案件调查处理规则(试行)》《哲学社会科学科研诚信建设实施办法》等一系列文件发布,进一步强调和规范了科研诚信建设工作,对高校的科研诚信建设提出了新要求,将对科研诚信建设的重视程度提升到了新的高度。

笔者自2014年起从事高校科研管理工作,在十余年的工作过程中,积累了一定的工作经验,对于高校的科研管理工作特别是人文社科科研管理工作颇有感悟。近年来,随着各级部门对科研诚信建设的重视,各高校在科研诚信建设中积极响应国家政策,采取各种措施,并取得了一定成效。笔者在工作过程中发现科研诚信问题偶有发生,同时也发现我国高校的科研诚信建设仍然存在许多问题亟待解决。笔者结合工作经验,对高校科研管理相关问题、科研诚信建设现状、科研管理与科研诚信建设之间的关系等几个方面进行研究,进而从科研管理的角度对我国高校科研诚信建设创新路径提出对策建议。

希望本书的研究能够引起学术界和科研管理部门对科研诚信建设的关注，丰富科研管理和科研诚信建设理论成果；同时也希望本书的研究结论能被应用于工作实践，推动高校科研管理水平和科研诚信建设水平的提升，促进高质量科研成果的产出，营造风清气正的学术环境。

本书是河北省社会科学基金项目（项目名称：基于科研管理视角的河北省高校科研诚信建设研究，项目编号：HB20JY004）的研究成果，得到了河北省哲学社会科学工作办公室的大力支持。同时本书的起笔离不开燕山大学、河北省内其他高校各位领导和同人的帮助。希望读者能够从中受益，并提出宝贵意见，共同为高校科研管理和科研诚信建设事业的发展作出贡献。

目　录

第一章　高校科研及科研管理概述 ………………………………… 1
　　第一节　高校科研的概念、特点及重要作用 ……………………… 1
　　第二节　高校科研管理的相关概念、指导思想与原则 …………… 10
　　第三节　高校科研管理的作用与内容 ……………………………… 16

第二章　高校科研管理的激励机制研究 …………………………… 22
　　第一节　高校科研管理激励的相关理论基础 ……………………… 22
　　第二节　高校科研激励机制的内涵和作用 ………………………… 26
　　第三节　高校科研管理的激励机制现状——以燕山大学为例 …… 28
　　第四节　科研激励机制存在的问题及对策 ………………………… 35

第三章　高校人文社科科研管理研究 ……………………………… 45
　　第一节　人文社科的背景和重要性 ………………………………… 45
　　第二节　人文社科科研管理概述 …………………………………… 50
　　第三节　我国高校人文社科科研管理现状 ………………………… 55
　　第四节　高校人文社科科研管理机制创新若干问题探索 ………… 63

第四章 高校科研诚信建设概述 ········· 71
- 第一节 科研诚信的相关概念和政策背景 ········· 71
- 第二节 高校科研诚信建设的重要意义 ········· 79
- 第三节 高校科研诚信的影响因素 ········· 83
- 第四节 高校科研诚信建设的主要内容 ········· 87

第五章 我国高校科研诚信建设现状 ········· 94
- 第一节 科研失信行为案例 ········· 94
- 第二节 科研失信行为的危害 ········· 99
- 第三节 河北省高校科研诚信建设现状 ········· 102
- 第四节 河北省高校科研诚信建设成效和存在的问题 ········· 109

第六章 高校科研管理与科研诚信建设关系研究 ········· 114
- 第一节 科研管理为科研诚信建设提供保障 ········· 114
- 第二节 科研诚信为科研管理提供动力 ········· 118
- 第三节 科研管理与科研诚信建设的制约关系 ········· 122

第七章 高校科研诚信建设的创新路径研究 ········· 127
- 第一节 完善科研诚信政策体系 ········· 127
- 第二节 科研评价机制创新 ········· 131
- 第三节 加强科研诚信监督与惩戒 ········· 137
- 第四节 健全科研诚信教育体系 ········· 142

附录 ········· 146
中共中央办公厅 国务院办公厅印发《关于进一步加强科研诚信建设的若干意见》 ········· 146

中共中央办公厅 国务院办公厅印发《关于进一步弘扬科学家精神加强作风和学风建设的意见》…… 155
哲学社会科学科研诚信建设实施办法 …… 162
科研失信行为调查处理规则 …… 168
教育部关于加强高等学校科研诚信建设和学术不端治理的指导意见 …… 180
高等学校学术不端行为调查处理实施细则 …… 183
关于加强科研诚信建设的实施意见 …… 190
河北师范大学科研诚信管理暂行办法 …… 198
燕山大学科研诚信案件调查处理办法（试行）…… 203

参考文献 …… 210

第一章 高校科研及科研管理概述

第一节 高校科研的概念、特点及重要作用

一、科学和科学研究的概念

(一)科学的概念

"科学"这个概念,是在社会发展中随着人类认知水平的提高而逐渐形成的。古时候,人类的认知水平不高,对一些自然现象、社会现象无法理解,于是就产生了封建迷信、宗教等多种非科学解读。随着人类对自然和社会认知水平的不断发展和提高,人们将接收到的信息加以收集整理、归纳总结、分门别类,探索其规律,逐渐形成了完整的认知体系,"科学"这一概念也就随之产生。

在不同的时期、不同的地域,科学的概念也有所不同。《韦氏字典》对"科学"所下的定义是:"科学是从确定研究对象的性质和规律这一目的出发,通过观察、调查和实验而得到的系统的知识。"《苏联大百科全书》将其定义

为:"科学是人类活动的一个范畴,它的职能是总结关于客观世界的知识并使之系统化;科学是一种社会意识形式。在历史发展中,科学可转化为社会生产力和最重要的社会建制。……从广义上说,科学的直接目的是对客观世界作理论表达。"此外,根据科学的性质不同,科学还被人们划分为形式科学与经验科学,这是一种技术规约下的分类方式。当今学界一般将科学分为两大类,即自然科学和人文社会科学。这种方式更加符合现阶段人类对社会和世界的认知。这两个大分类又各自由许多不同的学科组成,它们之间相互联系、相互渗透,共同构成了科学体系。

(二)科学研究的概念

"研究"是一个动词,是指探求事物的真相、性质、规律等。科学研究是指通过观察、实验、推理和验证等科学方法,对自然界和人类社会中的现象和问题进行深入探究,以揭示其内在本质和规律的过程。关于科学研究的具体内涵,国内外的相关政府机构、科研组织等曾作出具体解读。例如,《牛津大辞典》和经济合作与发展组织将科学研究定义为"研究与开发,是为了增加知识量,包括人类、文化和社会方面的知识,以及利用这些知识去发明新技术而进行的系统的、创造性的工作"。随后,又有人提出科学研究工作也包括对"已经产生的知识的收集、整理和分析"。当然,科学研究作为一项系统的、创造性的工作,是创造知识、整理知识以及开拓知识新用途的探索工作。欧洲科学基金会指出:"科学研究包括了理论研究、实验室工作、调查及对早期成果的确证、分析和进一步扩充等。其目的是扩展人们对物理世界、生物界以及社会的认识和理解。"联合国教科文组织指出:"科学研究是指人类的一种自觉地探索未知、创造新知识和新技术的认识活动;科学研究的本质特征是探索性和创新性。"中国教育部指出:"科学研究是指为了增进知识,包括关于人类文化和社会的知识以及利用这些知识去发明新的技术而进行的系统的创造性工作。"

此外,古今中外的学者对"科学研究"的概念多有诠释。国内外在对于科学研究的定义表述上并不完全一致,但是他们对其本质特征的阐释在原则上都是相同相通的,包括以下几个方面:(1)科学研究的对象可以是自然现象、社会现象或是精神现象。（2）科学研究主要表现为两个方面：一是创造知识，即创新、发现和发明，探索未知事实及其规律的实践活动；二是整理知识，这是一种知识传承的实践活动，即创造性地对已有的知识进行分析和整理，使之更加规范化、系统化。科学研究的这两个方面不是完全独立的，而是相互联系、不可分割的。（3）科学研究包括解释前人智慧、完善前人智慧和创造新智慧三个层面。基于此，我们可以这样理解：科学研究是一种社会实践，旨在探索未知事实或未完全掌握的事实的性质和规律，创造性地分析和整理已有的知识。

二、高校科研工作的特点

我国高等院校在经过了多年的教育体制改革和探索以及对于国际先进教育经验的借鉴学习后，已经逐步从单一的教学型大学向教学科研型并重的大学转变，同时承担着人才培养和科学研究的双重重要职能。加强高校的科学研究工作，是提高高等教育质量、强化高校服务国家战略和地方经济社会发展功能、促进我国高校国际化建设、创建世界一流的综合性大学以及增强高校综合实力的重要途径。相比于企业和专业的研究机构，高校的科学研究具有其独特的特点：（1）学科和专业众多；（2）主要研究方法是理论研究和实验研究；（3）科研人员承担着科学研究和人才培养的双重任务；（4）科研方向为重点学科和学科带头人的专业研究方向；（5）根据高校优势学科特点、人才结构、专业结构和研究积累等，各高校的科学研究水平以及高校内部的各学科的发展不均衡；（6）自然科学研究和人文社会科学研究差别较大；（7）高校科研服务社会的能力较强，科技成果转移转化、产学研结合是发展趋势。

随着经济社会的发展和科研体制的改革，新形势下高校的科学研究活动又有了新的特点，表现为以下几个方面。

（一）出现更多合作研究、交叉研究、跨学科研究

高校普遍知识密集、科研力量雄厚，但是生产和转化能力不如企业，经济效益不是很明显。针对这种情况，许多高校与企业开展合作研究，将科

技术转化为生产力。高校与企业联合申报课题现在已经是高校科研项目申报的常见模式。这种模式研究方向明确，研究周期短、见效快。

随着社会的发展，现阶段科学研究越来越多地体现出交叉研究、跨学科研究的特点。国家自然科学基金委员会于 2020 年 11 月成立了交叉科学部，这是交叉科学发展的一个重要体现。这就对高等院校各学科间的交叉融合、文理融合提出了新的要求。交叉研究和跨学科研究具有很大的必要性，能够在科学研究中取长补短、相互借鉴，激发学科潜力，调动科研热情，起到相互促进的作用。

（二）基础研究与应用研究并重

在我国以往的科研活动中，高校科研一般都以需求为导向。近年来，我国在科技创新应用领域发展速度飞快，取得了一定的进展和突破，但是目前在基础研究领域尚存在不足。现阶段，我国的科研应当将纯科学的基础性研究与结合社会发展实际的应用研究结合起来，把这两种研究类型的工作基础打牢，这样才有助于国家的发展，有助于科技创新能力的提升。高校作为科研的主阵地之一，在国家倡导加强基础研究的大形势之下，现阶段也都认识到加强基础研究的重要性和必要性，基础研究与应用研究并重因此也成了当前高等院校科研发展的新特点。

（三）科研经费的"放管服"改革

2016 年，中共中央办公厅、国务院办公厅印发了《关于进一步完善中央财政科研项目资金管理等政策的若干意见》（中办发〔2016〕50 号）。这一文件作为科研经费"放管服"的首个主导性文件，具有十分重要的指导意义。之后，教育部、财政部、国家发展和改革委员会、人力资源社会保障部、科学技术部、国家自然科学基金委员会、全国哲学社会科学工作办公室等相继出台了一系列相关文件，为不同领域的科研经费管理改革指明了方向。

关于科研经费领域"放管服"改革的宗旨和原则主要是：科研管理体制应当以新人为前提，按照要求赋予科研人员最大的人力自主权和财力自主权；其直接定位是解决科研领域长期存在的"报销复杂"问题。在不断健全科研经费管理机制、实现更加高效和专业的服务的基础上，按照职责明确、流程简化的原则，推动材料整理报送、预算管理、财务报销、项目中期管理、结题验收等其他程序的简化和完善，从而提高管理效率，为科研活动的顺利进行提供有力保障。

当前各高校根据这些指导性文件，已经相继对自身的科研经费管理制度进行了改革，改革成效明显。科研经费制度的改革也成为近年来高校科研管理改革的一个重要方面。现阶段高校科研人员在进行科研活动时，经费使用更加自由，有更多的支配权利，能够将更多的精力投入研究工作中。

（四）强调诚信的科学研究

20世纪90年代以来，学术界急功近利的观念和思想日益盛行，浮夸和浮躁的不良风气蔓延，这使得高校的一些科研人员通过投机取巧的方式和弄虚作假的手段，做出违背科学研究诚信规则和学术规范的行为，导致学术不端行为的出现。由于学术不端行为一般较为隐蔽，加之早期相关政策法规不完善，部门监管和惩治不规范、不严格，诚信教育体系不健全等，该行为日益频繁，相关的案例也层出不穷。随着国家创新驱动发展战略的实施，学术风气、科学精神亟须改善，科研诚信建设也得到了各级部门的重视。加强科研诚信建设，让科研人员能够遵循诚实守信的原则开展科研活动，能够为创新文化建设营造风清气正的科研环境，同时也能够为创新型国家建设提供强大的技术支持、精神动力和文化支撑。

近年来，国家及国家相关主管部门相继出台多部与科研诚信相关的规范性文件。特别是自2018年起，中共中央办公厅、国务院办公厅，中宣部、国家新闻出版署、科技部等相继出台了多部关于学风建设、科研诚信建设、弘扬科学家精神、学术不端行为界定、科研失信行为调查处理等方面的政策文件。这反映出现阶段我国对科研诚信越来越重视，也要求高校科研人员在开展科学研究活动时务必要将诚信摆在首要位置。

（五）以人才培养为中心，科学研究与教学有机统一

高等院校兼具教学和科研两大任务，育人和科学研究孰轻孰重一直都是争论的焦点，教学和科研的关系也比较微妙。无论是教学还是科研，都应当以人才培养为中心，这是高校最根本的任务，也是对高校教学与科研关系最恰当的解读。这既能兼顾教学和科研的地位现状，正确处理教学和管理中的各种矛盾，又能有效地体现高等教育的本质。

不同于基础教育和职业教育，高等教育作为一种最高层次的教育形式，是我国科学研究与创新发展体系的重要组成部分，其本质特征就体现在教育层次上；在繁荣发展科学研究的目标上，也与专业的科研机构有所不同。培养人才是各种教育机构的共同责任与目标，发展科学技术、服务于经济社会发展，则是高等院校和专业的科研机构的职责和目的。因此高校如果只以教学为中心，就会忽视高等教育中的科学研究，违背高等教育的职责。

高校通过发挥其在学科、人财物、治理、设备和研究平台等方面的优势，从而实现发展科学技术和服务经济社会发展的目的。科学研究和社会服务是培养创新型人才的重要途径，这也充分体现了高校对于社会的价值。专业的研究机构、科研院所，其发展的直接目标就是推进科学研究、服务经济社会发展。如果在高校中过分强调以科研为主，将导致高校和研究机构、研究院所职能相混淆，高校高等教育的本质特征将无法体现。因此，人才培养仍然是区分高校与专业研究机构的关键，是高校特有的特征，也是高校最重要的职能。高校科研和服务经济社会发展的目的之一是培养创新型人才，教学和科研相辅相成、协调发展；专业研究机构的目的也是一样的，即通过科学研究发展科技水平，服务经济社会发展。

正确理解科学研究的本质，是确定高校未来发展方向的重中之重，是新时代高等院校机制体制改革的重要内容。突出科研"育人"的功效，提高科研成效，是充分发挥高校科研功能的重要途径。重视教育教学的相关研究，重视教育学科科研在高校科研中的地位，是提高我国高校教学质量的重要保证，是实现教学科研互动与双赢的最佳途径。坚持"以人才培养为中心"，是连接教学、科研等工作的纽带和桥梁，是凸显高校本质和特色的关键。因此，当前我国高等院校纷纷改革管理理念和管理模式，建立健全教学科研的利益驱动和平衡机制。科研工作以调动教师积极性、培养创新型人才为目标，促进教学与科研的融合，促进教学与科研的协调，使科研回归本质属性。

三、高校科研的作用

（一）科研是提高教学质量的重要支撑点

教育教学是高等教育的根本任务，教学质量是高校办学质量的重要体现。当今社会，各行业的竞争归根结底是人才的竞争。即使面对现阶段严峻的就业形势与环境，接受过高等教育的人才仍然是就业市场中最为抢手的资源。科学研究可以通过帮助教师提高素质、丰富教学内容、培养学生的创新精神和创造力，从而逐步提高教学质量。同时，科学研究也是促进知识更新换代、丰富教学内容的重要手段，是提高创新型人才培养质量的重要途径。高校教师通过科学研究，可更新专业知识，优化知识结构，提高相关领域学术水平，同时也能够丰富其教学内容，从而深入贯彻知识、能力、素质全面发展的一体化教学理念。

教学内容受限于教材。教材具有周期性和滞后性，导致其与本领域最新的科研进展和发现存在一定的时间差。教师只有不断加强自身学习，进行科学研究工作，提高自身学术水平，不断探索本领域的新知识，才能及时掌握所在学科领域的科研前沿内容，从而把最新的科学知识传授给学生。同时，通过师生互动交流讨论，不断发现新的问题，激发创新思维，从而保证教学质量和效果。真正优秀的高等院校不是单纯地重视教学或者单纯地关注科研，它一定是教学与科研并重发展的。

当今世界，科学技术发展水平不断提高，人类知识的创造和积累正在加速发展。高校集合了教学、科研和服务社会三大功能。学生对于知识不再只是被动接受，单纯的"教学型"教师也将逐渐被淘汰。高校教师应将所在学科领域的学术发展前沿和最新动态传达给学生，让学生了解学科的发展，激发他们对这一学科的兴趣并提高解决学术和实际问题的能力。正如德国学者雅斯贝尔斯指出："尤其重要的是教学要以研究成果为内容，因此教学与研究并重是大学的首要原则。按照我们的大学理想，最好的研究者才是最优秀的教师。只有这样的研究者才能带领学生进行真正的求知过程，乃至于科学的精神。只有他才是活学问的本身。跟他来往以后，科学的本来面目才得以呈现。只有自己从事研究的人才有东西教别人，而一般教书匠只能传授僵硬的东西。"高校教师在教学的过程中，对学生进行科学研究意义和科学态度的培养、科学研究能力的发掘和科学研究方法的指导，必然会使教学效果和教学质量得到提高。

（二）科研是培育优秀学科的重要手段

现阶段高校课程设置的最大特点和总体趋势是课程内容越来越全面。这一趋势必然促使高校的课程不断进行改革，包括开设新课程、更新课程内容、编写新教材等，这些都必须通过科学研究才能实现。科学研究工作的开展，对提高教师的学术水平、综合素质，及其岗位晋级和考核等都起到了不可替代的作用。

学科建设是培养具有创新精神和实践能力的高层次人才的重要保障，而学科建设迈向高水平发展的重要条件就是科研水平的整体提高。学科建设的关键是教师学术水平的整体提高。高校通过进行积极的科学研究工作，产出高质量的研究成果，承担国家级、省部级重大科研项目，逐步培养一支结构合理、学术水平和专业能力强的教师队伍，以推动学科建设的发展。

科学研究同样能够产出先进理论、推动理论发展。理论的发展在教育改革中也发挥着重要的引领作用。控制论创始人维纳指出："在已经建立起来的科学领域的空白区上，最容易取得丰硕的成果。"现代科研工作能够让人们多角度、跨学科、综合地看待问题和解决问题，充分地进行思想碰撞，产生创新思维，激发创新活力。正是在这种科学研究的基础上，各个学科才能齐头并进、迅速发展。

（三）科研是培养创新型人才的重要途径

通过开展科学研究工作，建立研究平台、产学研合作基地，为提高高校教师特别是中青年骨干教师的实践能力、培养高校学生发展创新创造能力提供了良好的平台。高等教育与科研相结合是现代高等教育改革与发展的趋势。产学研合作的教育模式有利于培养具有专业知识、实际应用能力和一定科研能力的高素质人才。

高校教师在扎实掌握专业知识的基础之上，还应该进一步拓展自己的研究深度和广度，努力学习和掌握本学科深层次知识和相关学科的知识，努力做到专业与博学的统一。只有具有这种复合知识结构和创新能力的教师，才能培养学生的创新思维和创新实践能力。只有具有开放思维和创新精神的教师，才能引导激发出学生强烈的求知欲和探索科学与知识的热情。教师积极思维的源泉在于其科研工作激发出的创造力和长期科研所形成的诸多见解，教师在传授学业的过程中会一直影响学生。爱因斯坦曾经说过："科学创造需要两种自由，即外在自由和内在自由。前者是指宽松、宽容的社会环境，不会因为创新而受到歧视甚至压制；后者指的是心灵不受束缚，不迷信。"实践表明，宽松自由的学术环境能够激发创新活力，是科研活动的必要条件。有了这些条件，才能使高校科研在服务好教学的基础上更好地培养创新型人才。

（四）科研是服务经济社会发展的重要利器

习近平总书记指出："科技是国之利器，国家赖之以强，企业赖之以赢，人民生活赖之以好。"高校的科研工作是推动科技发展的重要力量。高校自身的属性决定了其服务社会的功能。高校聚集着众多高端人才，汇聚了各类信息，集中了各种创新要素，是科技服务经济社会发展的主要战场。除此之外，高校的科研只有在服务经济社会发展中才能谋求自身更大的发展。以服务求生存，以贡献促发展，是高校提升自身科研能力、提高科技创新能力、自身发展壮大的必经之路。为了推动我国经济社会发展更加均衡和充分、让广大人民群众共享更多的科技创新成果，高校承担着重大的责任。高校需要在加强科研难题攻关、解决"卡脖子"问题的基础上，加快构建从基础科学研究到实验开发再到应用推广的创新链，努力将科研成果转化为生产力。

第二节 高校科研管理的相关概念、指导思想与原则

一、高校科研管理的相关概念

（一）科研管理

科研管理即科学研究管理，是对知识生产过程中的各种活动的管理工作，是对以探索性、创造性为主的脑力科学研究工作的管理。庚光蓉认为科研管理是通过有效管理活动和以尽可能少的消耗获取尽可能多的产出活动，通过竞争性科学研究，完善人的意志和品格，提高智力，获得全面自由的发展。从广义上讲，科研管理是对科研工作进行总体管理，具体到实践中发展为对科研项目进行管理。科研管理是一项具有探索性、创造性的工作。由于科研工作是由无数个科研项目组成的涵盖各个学科的集合体，所以它不同于一般的行政管理，是对具有特殊管理要素（科研人员、科研项目、科研经费、科研成果、科研评价、科研机构等）所作的综合性管理。薛天祥认为科研管理担负着"维持一种有创造力的环境，使科研和发展活动能够集中于解决组织的首要问题"，肩负着推进科研创新、经济发展的使命。

科研管理是针对科研活动中的科研项目、科研人员、科研平台、科研成果、科研经费、科研条件等一系列进行管理的过程。科研管理与其他管理工作有所不同，因为科学研究活动具有较大的灵活性和不确定性，加之人们认知的局限性、科学技术发展的阶段性，因此科研管理过程中也会出现很多难以预测的问题。科研管理内容繁多，包括一般的宏观管理，也包括某个项目、成果的微观管理。人们常用"三分科研，七分管理"来比喻管理工作在科研事业中的作用。现代科研管理在推动科研与生产相结合、推动经济社会发展和社会进步等方面都具有重要的作用。

（二）高校科研管理

高校的科研管理与其他单位和部门的科研管理有所不同。高等院校开展科研活动的人员一般是学校的教师，高校教师承担着教学和科研的双重任务，高校的科研人员、科研项目、科研成果和科研平台数量巨大，对口主管部门较多，科研管理工作任务繁重，且高校的科研管理要适应学校发展的规划目标等。

薛天翔在《高等学校科研管理》一书中提到，高校科研管理的依据是科学技术、高等教育发展规律和管理学原理，除此之外，他还提到了科研管理的内容是对人、财、物、时间、信息等的管理。余薇认为高校科研管理的依据是高校科研发展目标和科学研究的内在规律。她强调科研管理的目的是科研资源利用的最大化。汪小洲将高校科研管理分为两个层面，即宏观层面和微观层面。他认为宏观的高校科研管理是指国家、地方对高校科学研究工作所进行的管理，微观的高校科研管理是高等院校内部的科研管理工作。由此可见，虽然学者们对于高校科研管理定义的表述有所不同，但是高校的科研管理就是有机整合高校有限的科研资源，最大限度地实现高校科研目标的活动过程。

二、高校科研管理的指导思想与原则

我国高校的科研管理工作现阶段已经积累了较为丰富的经验，随着社会的发展和进步，高校的科研管理工作也发生了很多变化，如科研项目经费投入、科研平台的建立、教师参与科研工作的数量和积极性、科学研究的普及程度、科研成果的创新性以及应用性等等，都进入了全新的阶段。高校科研管理的指导思想与原则也应当根据当前的形势重新定义，既要依托现代管理，特别是行政管理的基本原则，又要根据高校科学研究的特殊性，着眼于高校科研管理的最终目标。高校科研管理的指导思想和原则要有利于高校的发展、有利于高校科研的发展、有利于充分调动广大科技工作者的积极性、有利于促进经济社会的发展。

（一）高校科研管理的指导思想

1. 建立并完善科研管理体制

高校科研管理要始终高举中国特色社会主义伟大旗帜，以马克思列宁主义、毛泽东思想、邓小平理论、"三个代表"重要思想、科学发展观、习近平新时代中国特色社会主义思想为指导，全面贯彻落实党的教育方针。引导高校科研以培养高水平人才为出发点和落脚点，以服务我国经济社会发展为着力点，全局规划，整体把握，总体决策，确保科学研究的重要地位落实到教学、师资和学科建设的各个环节。要保证科研管理工作权责明确，保证高校科研发展的各项工作有组织、有目标、有规划、有条件、有保障；保证科研队伍不断壮大、经费不断增长、水平不断提高。

2. 正确处理基本矛盾

从科学研究与学科建设的关系上看，科学研究的方向和产出的成果与学科建设密不可分。高校的学科建设要根据科学研究方向来进行调整，以达到科研发展、学科发展和高校整体发展的有机统一。科学研究经过长期的发展，已经形成了若干个学科和不同的研究方向。在高校内部，学科和科学研究在原有发展的基础上不断深化，更加具有特色，形成了区别于其他学科的、更加稳定的学科和科研方向，这是通过先分化进而深化而形成学科的一种方式。另一种学科形成的方式是综合。综合的方式常见于跨学科的研究领域。在跨学科研究和联合攻关科研时，有可能形成新的学科和研究方向，新学科和研究方向的产生更值得被关注。高校要坚持以科学研究为主导，整合提升传统优势学科，培育新型交叉学科，特别是大力推进人文社会科学与自然科学之间相互渗透、整合与融合，努力构建具有中国特色的学科体系。

从科研与人才培养的关系上看，要坚持科学研究与人才培养相互促进，反对出现科研与教学分离的现象。高校肩负着教学和科研的双重任务，要始终重视将科研成果转化为教学实践，将新的科研成果及时反映在教学中，使科研成为教学改革的动力，促进教学内容和教学方法的更新，不断提高教学质量。同时，教师的教学实践也是其进行科学研究的重要途径和方法。在教学中探索问题、发现问题、研究问题，是教学与科研相互促进、协调统一的具体表现。

3. 促进科研水平与人才素质的共同提高

从科研与个人及团队的关系上看，要充分发挥学科带头人、学术骨干和领军人才的学术引领作用，充分发挥他们在引领科研方向、设计科研战略、谋划长远发展、统筹规划协调等方面的重要作用，改变个人单打独斗式的科研局面。打造人才梯队和学术团队，提高团队意识，培养配合协作和联合攻关的能力；同时，要尊重科研人员独立自主研究的意愿，根据科研人员各自的特点进行梯队和团队的合理化配置和建设。要加强高校创新队伍建设和对学术带头人的培养，努力造就一批立足中国、面向世界、学贯古今的科研工作者，造就一批具有扎实理论基础和勇于探索与创新的学科带头人，造就一批具有良好政治素质和专业素质的青年人才，为创新发展储备后续力量。

4. 处理好竞争与合作的关系

科研管理本身就是一门科学，值得深入研究探索。在科研管理的过程中，既要通过改进和创新管理模式，对高校的科学研究工作进行统一规划和布局，又要保证科研工作者有足够的自主空间，根据自己的研究专长和科研兴趣进行科学研究探索；既要促进科学研究的良性竞争，确保优秀人才和高质量科研成果脱颖而出，营造良好的学术氛围，又要努力形成合作、团结、健康的科研成长环境；既要全面关注科技的发展方向，又要结合自身的特色和优势开展科研工作，促进学校教学和学科建设的可持续发展，促进高校科研事业的繁荣发展。

（二）高校科研管理的原则

通过对以往文献的检索与总结，高校科研管理的原则可以归纳为以下三个方面。

1. 服务原则

张保生在《论高校科研组织与科研发动》中指出："西方高校并没有科研管理这个概念，他们都说对科研不能管理，只能提供服务。"科研管理的目的是为科学研究服务，而科学研究的目的是为社会服务。因为科研要服务于社会，所以需要科研管理来服务于科研，并且决定了科研服务的主要内容。王睿在《高校科研管理工作应强化几种意识》中指出："这里的'服务意识'是指高校科研管理部门既要有管理意识，又要有相应的服务意识，并且应该以服务促进管理。"在服务原则的共识下，罗晓光、申靖提出了高校科研管理"服务质量"的评价，并提出运用西方新公共服务理论和服务绩效评价理论对高校科研管理服务质量进行评价，但他们并没有提出服务质量量化评价的具体操作方法。厦门大学科研处的林常胜提出了高校科研管理主管部门工作状况和管理效率的具体评价方法，即运用数据包络分析对科研管理绩效进行定量评价，主要比较多个时期的高校科研总量的进展情况，从而反映一定时期内科研管理绩效的不断变化。采用这种方法评估高校科研管理绩效是以其年度科研业绩统计数据为依据的。

2. 以人为本原则

高校科研管理遵循以人为本的管理原则，是指要在高校科研管理工作的全过程中渗透以人为本的管理理念和管理措施，将以人为本的管理思想贯穿高校科研管理工作的始终。为了深入贯彻和实现这一原则，并达到高校科研管理的预期目标，以人为本管理原则主要包括以下几项具体内容：一是要把对"人"的管理放在科研管理工作的首要位置；二是要时刻关注"人"的需求，即科研人员的需求，根据需求制定相应的管理措施，并以激励为主；三是创造良好的培训与教育保障条件；四是要实现人与高校共同发展。在高校科研管理中引入以人为本的理念，是国外科研管理思想与我国实践相融合的结果。王楚泓、欧宗标较早地在高校科研管理理论中提出了以人为本的管理理念，之后许多学者相继提出了这一观点。重视以人为本的科研管理，在管理的全过程中处处体现人文精神和人文关怀，是现代社会管理的必然要求。高校科研管理坚持以人为本具有十分重要的作用，主要体现在以下几个方面：第一，能够全面提高高校科学研究的效率和科研成果的产出；第二，符合人的全面发展的需要，即能够促进科研人员的全面发展；第三，符合科学研究的特殊性，科研的过程需要有外部环境和激励措施等的保障；第四，深化高校科研体制改革的必然要求；第五，能够切实解决高校科研管理中的实际问题，提高高校科研管理水平。现阶段以人为本的科研管理原则已得到普遍认可。

3. 量化管理原则

根据我国高校科研管理的发展历程，高校开始施行量化管理始于 20 世纪 80 年代末。1984 年，安徽工学院的张永本、李仁在安徽工学院学报上发表了《关于逐步实行教学科研量化管理的改革设想》一文，提出高校科研管理应实行量化管理。1987 年，南京大学在国内高校中率先规定，教职工发表 1 篇 SCI 期刊论文，给予约 1000 元的奖励。这项奖励措施在全国高校间引起了强烈的反响。实施科学研究量化管理后，南京大学在 1992—1998 年期间 SCI 论文发表的数量在全国居于首位。1998 年 12 月，"大学科研评价量化国际研讨会暨第五次全国科学计量学与情报计量学学术年会"在北京召开，此次会议达成了"科研定量评价是大势所趋"的共识。自此，关于高校科研量化管理的研究成果不断涌现，相关研究也越来越普遍，虽然也有对科研量化管理的批评，但高校科研管理的定量原则已基本确立。科研量化是衡量高校科研发展水平的重要指标，是提升高校声誉和学术地位的重要途径之一。它有利于提高员工的工作积极性，打破传统的平均分配制度，营造良性竞争氛围，塑造人文精神。它既是提高创新能力的动力支撑，也是科研管理信息化、规范化的切入点。目前，高校科研管理的量化管理应用主要有两个方面：一是高校间科研的量化比较，其结果主要用于高校排名；二是用于量化高校内部科研管理，对学院和教师进行考核和激励等。对于高校内部科研的量化，由于各高校的特殊性，其差异也比较明显，量化内容一般包括科研业绩和科研奖励的量化。科研业绩的量化指标一般包括科研项目、科研成果、科研经费、科研奖励和成果转化五个方面，各项量化指标的权重因各高校对科学研究内容的侧重点有所不同而存在差异。

第三节 高校科研管理的作用与内容

一、高校科研管理的作用

高等院校是人才的聚集地，是科学研究的沃土，是国家科技创新的摇篮。高校的科研管理工作对于推动高校科研的发展具有重要的作用，只有开展有效的科研管理工作，才能保障高校科研工作顺利开展，协调人、财、物的有效配置，促进科研成果产出和科技进步。

（一）保障科学研究的有序开展

高校科技工作者依照个人和团队的学术方向、研究兴趣等开展科学研究工作，是个体和分散的。通过科研管理工作的开展，能够将这些分散的科学研究凝聚在一起，确保所有的科研工作能够有序开展。高校科研人员在进行科学研究的过程中，项目申报、成果产出、团队建设、方向把握等方面都需要专业的指导。高校的科研管理工作能够将高校科研活动分门别类、统一组织、系统管理、有效引导，为科研人员个体和团队的科学研究工作提供专业的管理与服务，保障高校科研和创新工作的顺利开展，推动学校科研高质量发展。

（二）优化各方面资源配置

相比于科研院所等其他单位，高等院校有着更加丰富的资源，这些资源都为科学研究的开展提供了更多的便利条件。高校的科学研究不能通过科研人员个人的单打独斗来实现，高质量科学研究的开展需要人才聚集、学术团队打造、优势学科支撑、设备和物资保障、政策倾斜等多方面因素共同支持。只有通过有效的科研管理，才能实现多方面资源的优化配置、协调统一、共用共享，优化外部环境和激发内在动力，充分调动科研人员的能动性。

（三）激发科研人员的创造力

科研人员的主动性和创造力需要外部环境的刺激才能更好地激发出来。有效的科研管理，对于激发科研人员的创新活力具有重要的作用。科研管理能够为科研人员提供更好的知识共享平台，展示更多的科研信息，引导国家和地方重大战略需求方向，使科研人员了解更多的学科前沿动态，开拓思维，激发创造力。如上文所述，科研管理通过协调人、财、物等资源配置，通过学术交流，平台建设，学科交叉，跨专业、跨单位合作等形式，实现创新能力的提升，进而提升科研成果产出的质量和数量。

（四）有组织科研推动高校全面高质量发展

2022年，教育部印发了《关于加强高校有组织科研 推动高水平自立自强的若干意见》，就推动高校充分发挥新型举国体制优势，加强有组织科研，全面加强创新体系建设，着力提升自主创新能力，更高质量、更大贡献服务国家战略需求作出部署。加强有组织科研是科研管理工作的重要内容。高校科研管理通过有组织科研的开展，引导高校科学研究关注国家重要战略科技力量，加强大平台建设，培养更多人才和科学家，形成良好的学术氛围，促进本科生和研究生的教学培养，从而全面推动高校的全面高质量发展。

二、高校科研管理的内容

（一）高校科研管理的内容框架

高校科研管理工作是高校及其科研管理部门、科研管理人员对高校科学研究的全面管理，其管理工作主要分为外部和内部两个方面。在外部方面，高校科研管理需要紧跟国家相关政策方针，不断学习新出台的各项与高等教育和科研相关的文件精神，不断进行知识结构更新；需要加强与各类项目、平台、成果等主管部门的沟通联系，时刻关注发布的各类通知讯息；需要建立与政府部门、科研院所、企事业单位等的合作联系，充分发挥高校科技服务职能；需要吸引高层次人才加入科学研究队伍，壮大高校科研实力；需要加强同其他高校的交流合作，相互学习借鉴，共同提升科研管理水平。在内部方面，要制定学校的科研政策、科研整体规划和发展方向，布局谋划重点科研领域；及时发布科研的通知和信息，做好项目、报奖、平台等的上传下达工作；熟悉掌握高校内部的科研能力、学科优势、专家情况等信息；对科研工作的全周期作细致管理；为科研人员做好专业化服务；等等。科研管理的内外两大方面工作任务实则是相辅相成、相互促进和相互影响的，它们共同构成了高校科研管理工作的主要内容。在科研管理工作中，管理人员也扮演着不可或缺的角色。科研管理人员在工作中不断充实与提升自己的管理理论与实践能力，促成两大内容相互融合，推动科学研究工作的开展，从而构成了高校科研管理工作的内容框架。

（二）高校科研管理的具体内容

1.研究拟定高校整体科研发展规划

如前文所述，高校的科学研究不同于其他单位和个人，高校具有更加丰富的资源，高校科学研究工作的开展依托于学校硬件设施、软件资源、优势学科、学术氛围、人才储备、经费投入、政策支持等各方面条件。高校的科研管理需要协调以上各个方面的资源，对资源进行优化配置，实现有组织的科研。同时，高校的科研涉及上级部门众多，同时也需要校内各个职能部门和二级单位的协同配合。因此，高校科研管理的重要内容就是研究拟定适应高校内外部环境和符合自身发展实际的整体科研发展规划。高校科研管理应当积极贯彻国家关于科学研究、科技创新的方针和政策，认真落实学校总体事业发展规划目标，全面推动高校科研事业发展，提升高校相关学科领域的社会声誉和学术影响力。在此基础上，要认真研究高校特色、学科优势和科研发展规律，制定符合高校发展实际的科研发展规划，确定指导思想、发展目标、任务举措、保障措施等，为高校科学研究的发展提供总体性指导，保障高校科研稳步运转。

2.制定高校科研管理相关政策措施

科研管理工作的有序开展离不开高校各项政策措施的保障。高校内部科研管理政策为科研活动提供了规范和指导，也是高校内部治理体系不可或缺的一部分。高校科研管理的政策主要有管理规范（如项目管理、知识产权管理、成果认定等）、经费政策、成果奖励政策、团队激励政策等。配套政策的制定是科研管理工作重要的内容之一。科研管理部门要根据学校特点和发展要求制定科学合理的配套政策，以规范科研管理过程，调动科研人员的积极性，激发其创新创造力，促进高水平科研成果的产出。在制定政策的过程中，需要充分考虑科研任务、经费投入、软硬件设施等资源的优化配置，保障高校资源得到充分和规范的利用，确保资源使用和产出效率。因此，制定符合高校发展规律、促进科研发展的一系列配套政策，是对科研管理工作的一个考验。

3. 科研项目全过程管理

高校的科研项目一般分为纵向科研项目和横向科研项目。纵向科研项目一般指由各级党政部门发布的指令性科研计划，由财政拨付经费，这是其主要特点之一。纵向科研项目体现了国家和地方的重大需求。高层次、高级别的纵向项目往往是各个高校的标志性科研项目，是高校综合实力的重要考核指标，是高校学术影响力的重要体现。科研管理工作需要对纵向科研项目进行全过程的精细化管理，包括项目申报发布通知、申报动员谋划、指导项目申请、项目立项管理、中期检查、成果统计与推介、项目结项办理等。纵向科研项目的另一个主要特点是项目种类繁多，涉及的上级部门众多，项目之间有不同的管理要求，这就要求科研管理工作要做到精细化与专业化，这样才能确保纵向科研项目全过程的顺利进行。

横向科研项目指高校科研人员与企事业单位、社会机构或者其他部门通过签订科技开发服务合同而形成合作关系，为解决对方单位的某一个或者某几个具体问题而开展的工作。横向科研项目的开展体现了高校的社会服务能力、科技成果转化能力和科研应用于实践的能力。科研管理除了要做好合同签订及后续的管理工作外，还要在服务社会方面进行内外部宣传和沟通交流，通过"走出去"推动项目的合作开展。

4. 科研成果管理

科研成果主要包括论文、专著、知识产权、咨政报告、优秀网络文化成果等。科研成果的产出是衡量高校科研水平的一项重要指标，因此科研管理需要对各项科研成果进行有效的管理与统计。高校根据相应的科研政策，以规范的形式进行成果统计，对符合条件的高水平成果进行奖励，这是科研管理的重要内容。

5. 科研平台建设和管理

科研平台是人才、经费、学科前沿信息等各类科技创新要素的聚集地，是科研人员开展科学研究的重要载体，是高校科研实力的重要支撑。科研平台建设对于促进科研成果产出、科技成果转化和孕育科技创新具有重要的作用。科研平台根据设立部门的不同可以分为国家级、省部级、市厅级和院校级，每一类科研平台根据主管部门不同、性质不同，其管理方式也有很大的区别。有的研究平台为实体运行的平台，有的研究平台是依托所在二级单位运行的虚拟平台。谋划高级别的科研平台申报是高校科研管理的重要内容之一。管理部门应当积极推进各类高层次平台的规划、申报、组织、建设和管理工作，同时加强校内研究平台的协调建设和评估管理。

6. 开展学术交流活动，营造良好的学术氛围

科研管理的内容还包括活跃的学术交流活动。学术交流的开展为科学研究提供碰撞的火花，是孕育新思想、新观点和创新性思维的摇篮。科研人员通过"请进来"和"走出去"，能够开阔学术视野，接受学科前沿知识，加强本领域的交流与合作，不仅能够迸发出科研创新的灵感，也能够提升在本领域的知名度和影响力。科研管理就是要对学术交流活动进行有效的统筹安排与规划，通过有组织地开展学术交流活动，营造良好的学术氛围，提升高校整体的科研水平。学术交流活动管理一般包括国内外学术交流活动的规划、组织与管理，主办和承办各类高层次会议，协助各基层单位做好各级各类学术会议、学术报告的承办组织工作，不断拓展科学研究学术交流的广度和深度，提升高校的科研影响力。

7. 加强与各级单位、部门的沟通交流与合作

高校科研管理是高校内部科研信息的汇聚，同时也是科研对外沟通的窗口。为了提升高校的影响力，科研管理部门首先要以自身科研实力为基础，拓宽外部渠道，建立与国家各部委、各级党政部门的沟通联系，及时获取信

息。其次，要加强高等院校间的沟通交流，相互学习借鉴，积累经验。最后，要加强与企事业单位的交流与合作，拓宽合作渠道，获取更多的合作机会。通过多层次、多渠道的沟通交流，形成高校内部科研能力与外部科研需求的有效联动。

8. 其他科研管理内容

科研管理的内容十分广泛，除了上述的几项内容外，科研经费管理、科研诚信建设、科研信息化建设与管理、科研统计、科研资产管理、科研管理人员管理能力提升等等，也都是科研管理工作的重要内容。

第二章 高校科研管理的激励机制研究

第一节 高校科研管理激励的相关理论基础

组织行为激励理论是研究高校科研管理激励的基础。激励理论是研究如何调动人们积极性的理论。激励理论重视人的作用,它强调通过各种激励方法,充分挖掘人的潜能,调动其积极性、主动性和创造性;它强调应当重视人在管理中的作用,管理要以人为本。现阶段,关于激励理论的研究非常丰富。作为高校科研管理激励机制研究的理论基础,本节着重介绍几种激励理论。

一、内容型激励理论

(一)需求层次理论

1943年,美国著名社会心理学家亚伯拉罕·马斯洛在《人类动机理论》一书中提出了需求层次的主要概念。他指出,人们需要动力实现某些需求,有些需求优先于其他需求。马斯洛认为,人有五个层次的基本需求,需求层次由低到高分别是生理需求、安全需求、社交需求、尊重需求和自我实现需求。这五个需求基本反映了不同文化环境、不同时期人类的共同特征。人的基本需求呈现出从低级到高级的层次结构。当某一层次的需求得到相对满足时，它的激励作用就会减弱或消失。

（二）ERG 理论

1969 年，美国耶鲁大学组织行为学教授克雷顿·奥尔德弗在进行了大量实证研究的基础上，对马斯洛的需求层次进行了重新组织，提出了一种新的激励理论：ERG 理论，即生存（Existence）、相互关系（Relatedness）、成长（Growth）三核心需要理论。这里的生存需要是指所有的生理和物质需要，相当于马斯洛提出的生理需求和安全需求；相互关系需要是指人与人之间的社会关系需要，相当于马斯洛提出的社交需求和尊重需求的外在部分（指对名誉、威望、赞扬、关注和欣赏的需要）；成长需要是指一种内在的改进和发展的欲望，它不仅要求个人潜能和成就的充分发挥，还包括培养创新能力的需要，相当于马斯洛提出的尊重需求的内在部分（指力量、成就、资格、自由和独立的需要）以及自我实现需求。

ERG 理论的特点在于，在相同的需求水平下，当一个需求不太被满足时，一般会产生更强烈的需求，要求更多的满足。如果较低层次的需求得到充分满足，则较高层次的需求将更加强烈。高层次的需求满足得越少，低层次的需求就越强烈。

（三）成就需要理论

美国社会心理学家戴维·麦克利兰在批判吸收马斯洛需求理论的基础上，从管理的社会特征出发，提出了自己的需要层次理论。麦克利兰认为马斯洛过分强调个人的自我意识和内在价值，而忽视了人的社会属性，因此他运用主题统觉测验等心理学实验方法对人的社会需要进行测量和研究，进而将人的社会需要归纳为三个层次，即成就需要、权力需要和关系需要，实际上相当于马斯洛提出的最后三个层次的需求。麦克利兰认为，对权力有更高欲望的人对施加影响和控制表现出更大的兴趣，有社会需要的人喜欢保持和谐的社会关系，社会需要和成就需要得到满足的人对能力和成功有强烈的要求。

根据这一理论，即使是同一层次的需要也是不同的，激励方式也应该有所不同。

（四）双因素激励理论

美国行为学家弗雷德里克·赫茨伯格提出了双因素激励理论，又名双因素－保健因素理论。他将能促进人们满意的因素称为激励因素，相对而言，另一种促进人们不满意的因素称为保健因素。赫茨伯格总结了六个激励因素：工作成就、获得欣赏、进步、工作本身、个人发展的可能性和责任感。这六个因素是以工作为中心的，由于工作本身具有挑战性和发展性，它可以对人们产生激励作用。

他还总结出十大保健因素：公司的政策和行政管理、技术监督制度、与监督者的关系、与上级的关系、与下级的关系、工资、安全生产、人的生活、工作环境和地位，这些都是工作本身以外的因素。保健因素只能使工作动机处于零状态，这是防止不满意的前提和激励的出发点。激励因素是更高层次的需要，只有满足了这种需要，才能真正带来满足感，真正有效地、永久地、充分地激励员工。激励因素和保健因素不是一成不变的，随着时间的推移，激励因素在被激励对象头脑中的效能会下降，从而演变为维持因素，而维持因素如果使用得当，就会上升为激励因素。赫茨伯格纠正了"满意的对立面是不满意"的命题，提出了"满意的对立面应该是没有满意，不满意的对立面应该是没有不满意"的观点。当人们对激励因素感到满意时，就会产生激励效应；如果不满意，激励因素只起维持作用；如果对保健因素满意，也有激励作用，保健因素逐渐上升为激励因素。赫茨伯格的双因素激励理论与马斯洛的需求层次理论基本一致，他所说的保健因素和激励因素分别相当于马斯洛提出的前两个层次和后两个层次需求。然而，赫茨伯格并不像马斯洛一样研究一般性的需要和动机，而是进一步实证研究哪些需要才能真正成为促进人们提高工作效率的动机。

二、过程型激励理论

（一）公平理论

公平理论是由美国学者亚当斯于 1965 年在综合有关分配的公平概念和认知失调的基础上提出的一种激励理论。公平理论的前提是员工对自己是否得到合理对待非常敏感，个人关注自己在组织中薪酬的绝对值，但更关注与他人相比的相对值。因此，从某种意义上说，激励的过程实际上是人与人之间进行比较、作出判断和引导行为的过程。根据这一理论，激励机制应该体现公平性和合理性。亚当斯的公平理论解释了激励的实现机制。

（二）期望理论

期望理论是由北美著名心理学家和行为科学家维克托·弗鲁姆于 1964 年在《工作与激励》中提出来的。期望理论又叫作"效价－手段－期望理论"。这个理论用公式表示为：激动力量 = 期望值 × 效价。在这个公式中，激动力量指调动个人的积极性，激发人内部潜力的强度；期望值是根据个人的经验判断达到目标的把握程度；效价则是所能达到的目标对满足个人需要的价值。这个理论的公式说明，一个人对目标的把握越大，估计达到目标的概率越大，激发起的动力越强烈，积极性也就越高。

弗鲁姆的公式为激励过程提供了一个全面且具有应用价值的理论框架和分析思路。期望理论告诉我们，激励效应的大小取决于个体的努力行为和组织，解释了个人努力、个人成绩、组织奖励和个人需求之间的关系。奖励设置因人而异，因为不同的人有不同的效价维度和权重值，管理者在制定激励目标时，应着重关注大多数成员认为具有最高效价的激励措施，并尽可能提高效价的全面性。根据效价的不同，适当调整期望概率与实际概率之间的差距，调整不同人群实际获得不同效价的难易程度，拉大组织的期望值与非期望行为之间的差距，从而提高激励效果。

（三）强化理论

美国著名心理学家伯尔赫斯·弗雷德里克·斯金纳经过对人和动物长期的研究提出了强化理论。该理论以操作性条件理论为基础，认为当行为的结果对个体有利时，行为就会重复，这在心理学上称为强化；相反，如果行为不利于个人时，这种行为会减弱或消退。人们通过控制强化物来控制行为，实现行为转化。管理实践中，运用强化理论改造行为有四种方式：正强化、负强化、自然消退和惩罚。

第二节 高校科研激励机制的内涵和作用

一、高校科研激励机制的内涵

在科研管理工作中实行激励机制，是现阶段大部分高校科研管理的主要做法和重要手段。在现有的关于高校科研激励机制的研究中，许多学者从不同角度对其概念和内涵进行了研究和探讨。林雅英认为，科研激励机制"是指激发广大科研人员的工作动机，推动并引导其行为使之朝向预定的目标的方式"。葛翠玲认为："用各种行之有效的方法调动科研人员的积极性和创造性，使科研人员努力完成学校的科研任务，实现学校既定的科研目标。"杜学亮认为："科研激励机制应该是根据教师和科研管理者的需求，为了实现科研发展的目标，以各种激励措施为手段，以客观条件为保障，在教师和科研管理者之间形成的相互联系的管理体制。"

高校科研激励机制的内涵可以从以下几个方面理解：

（1）激励机制的设置要从需求出发。所谓需求，包含科研被管理者和管理者两个方面的需求。科研被管理者的需求主要是指他们对物质、安全、尊重、发展等方面的需求，这也是产生自我激励的基本条件。科研管理者的需求主要是指管理者对高校科研发展目标的追求。学校要根据自身的科研发展目标制定一系列配套的保障措施，其中激励机制就是保障科研目标实现的重要途径。只有以上两种主体间的需求相关联和相互作用，才能更加合理地设置激励机制。

（2）激励机制的最终目的是达到既定目标。科研管理的激励机制主要是外部激励，通过制定相关的激励政策，以达到学校科研发展的目标，因此激励的目的就是实现既定的科研目标。

（3）激励是科研激励机制的基本手段。激励是通过相关政策的制定和施行，促使教师形成科学研究的动机，最终产出学校需要的科研成果或达到科研发展的目标。激励与奖励不同，奖励是针对结果的奖励，而激励是针对过程和动机的激励，奖励是激励的一种手段。

（4）激励机制应保障一定的客观条件。各种激励政策，尤其是以奖励为主的激励政策，都需要一定的物质条件作为保障。科研项目、科研奖励、科研平台等，都需要资金作支持。因此，高校科研机制的施行，需要学校提供相应的客观物质条件。

（5）激励机制是一个综合有机整体。机制作为一个整体，并不能单纯地依靠某一项科研管理措施，而是应该由各种措施相互作用、相互协调而形成一个有机整体，这是科研管理体制的重要组成部分。

二、高校科研激励机制的作用

高校科研激励机制的作用主要体现在以下几个方面：

（1）充分发掘高校教师的科研潜力。教师的科研潜力，除了自身的学术研究水平和天赋之外，还需要外界因素加以干预激发。有时教师也会由于惰性或欠缺科学家精神等而影响其主动从事科学研究工作，而激励机制就是通过物质或精神奖励、其他方面的激励等，唤起教师的科学家精神和对科研工作的热情，使其主动投身到科学研究活动中去，充分挖掘其科研潜力。

（2）充分调动高校教师的科研积极性。在激励机制的作用下，教师获得的科研项目、成果等为教师评定职称、考核上岗等创造了充分的条件，提升了其学术地位。同时，以奖励为主的激励机制能够给教师直接带来物质上的收益，提高了教师的收入。由此可见，激励机制产生的最直接的作用是调动教师的科研积极性。

（3）充分凝聚科研力量。在现阶段的科学研究中，由于社会问题的复杂性，无论是自然科学研究还是哲学社会科学研究都更加注重科研团队的合作研究。激励机制提供了汇集科研团队力量的途径。通过鼓励科研团队，可以将不同学科、不同单位、不同年龄结构的人员聚合起来，从多个方面形成以问题为中心的科研优势，提高科研竞争力，进而激发团队力量争取更高层次的重大课题，产出更高水平的科研成果，服务国家和地方经济社会发展。

（4）提升科研成果水平和质量。激励机制给教师带来物质和荣誉等，能够充分强化其进行科学研究的自主性，促进研究的创新性。通过对物质和荣誉的追求，教师产出更高水平的研究成果，促进理论创新和科技发展。

（5）保障学校科研目标的实现。如前文所述，科研激励机制的内涵之一就是达到学校发展的既定目标。激励机制正是配合学校发展的既定目标而设置的，以充分调动教师参与科学研究的积极性。通过采用各种激励手段以引导教师申报科研项目、产出高水平成果、发展学术交流、进行咨政服务，在提升学校科研实力的同时，也保证了学校既定科研发展目标的实现。

第三节　高校科研管理的激励机制现状
——以燕山大学为例

一、河北省的科研激励机制情况

20 世纪 90 年代，在高校管理体制调整改革下，我国高校逐渐形成了中央和地方两级办学、两级管理，以地方政府统筹管理为主的新体制。作为教育大省，河北省相当重视省内高校的建设和发展。截至 2024 年 6 月 20 日，河北省共有普通高等学校 129 所、成人高等学校 5 所，其中省属骨干院校 13 所、省属普通高校 40 所、民办高校 38 所。近些年，河北省不断出台相应的政策，在招生规模、教师规模等方面不断扩张。从河北省科学研究激励机制相关方面来看，主要表现为以下几个方面。

1. 各类科研项目种类和经费不断增加

科研项目经费是高校获得经费收入的主要来源之一。每年高校从各个部门获得的纵向科研以及签订的各类横向合同所获取的经费，随着各级各部门各单位对科学研究的重视而不断增加。河北省科技厅、省委宣传部、省教育厅、省社科联、省发展改革委、省工信厅等部门均会根据省内相关领域经济社会需求，发布课题指南，设置各类项目，征集相关课题的研究。每年都有上亿的财政资金投入纵向课题中。近年来，随着科研经费投入的不断增加，各类课题的经费支持额度也不断增长，如河北省社科基金项目资助经费在 2019 年及之前首批立项为 3000 元，自 2020 年起，资助经费增长至 1 万元，同时课题种类也在原来的年度一般项目、青年项目、委托课题、确认课题的基础上，增加了重大课题、重点课题、传统文化专项等课题类别。由于河北省内各类课题的经费支持及其在单位考核评价体系中的作用，加之河北省内高校教师较熟悉河北省经济社会科技领域的发展状况和研究，使得这些项目成为河北省内高校教师重点关注的对象，教师申报课题的热情高涨。这些河北省各类项目，能够有效地激励和促使教师开展相关领域的研究工作，提高其科研能力，促进科研成果的产出，支持成果转化，提高全省相关领域学科的整体科研水平，推动科技创新，从而起到服务河北省经济社会发展、推动科技进步的重大作用。

2. 科研平台支持力度不断加大

近年来，河北省大力支持高校科研工作发展，高校科研创新支撑力不断增强，科研创新平台数量不断增加。河北省协同创新中心、河北省学科重点实验室、河北省技术创新中心、河北省工程技术研究中心、河北省高等学校人文社科重点研究基地等省内科研平台，近些年来数量逐渐增加，受支持力度逐步增强。科研平台的建设和支持能够在凝聚科研团队、提高科研水平、促进学科交叉融合、加强学术交流、增强信息共享、培养高层次创新人才、提升科技创新能力等方面起到重要作用。以人文社会科学研究平台为例，河北省教育厅自 2014 年起开展河北省高等学校人文社会科学重点研究基地的建设工作，列入支持计划的研究基地每年均获得 40 万元左右的经费支持。经费主要用于平台条件支持、课题研究支持等。这样的经费支持力度，对于人文社会科学的建设和研究来说，是很大一笔投入，同时对于平台科研团队也起到了相当大的激励作用。经过了 10 年的运行，研究基地产出了相当丰硕的成果，对于推动河北省人文社会科学研究工作起到了重要的作用。

3. 智库建设被提到了重要位置

党的十九大报告提出，深化马克思主义理论研究和建设，加快构建中国特色哲学社会科学，加强中国特色新型智库建设。中共中央办公厅、国务院办公厅于 2015 年印发了《关于加强中国特色新型智库建设的意见》（以下简称《意见》），随后，从中央到地方，各级各部门都在积极开展智库建设，落实《意见》。2015 年 10 月，河北省委办公厅、省政府办公厅印发了《关于加强河北新型智库建设的意见》。河北省委宣传部于 2016 年设立了 9 家新型智库建设试点，随后又增加了培育智库、重点联系智库。对于每家试点智库，每年支持经费额度为 20 万～50 万元。河北省对智库建设的重视程度和支持力度，促使河北省智库建设取得了丰富的成果，产出了许多高质量的决策咨询报告，获得了各级领导和政府部门的批示和采纳。大力推动智库建设对于高校和教师团队积极参与决策咨询服务、助力经济社会发展都起到了相当程度的激励作用，使得教师自主、自愿投入智库研究和建设工作中。

4. 评奖机制更加科学合理

河北省的主要科研奖励包括河北省科学技术奖和河北省社会科学优秀成果奖。根据《河北省科学技术奖励办法》："为奖励在本省科学技术进步活动中作出突出贡献的个人、组织，调动科学技术工作者的积极性、创造性，促进科学技术进步，为建设经济强省、美丽河北提供科学支撑，根据《国家科学技术奖励条例》《河北省科学技术进步条例》等法律、法规，结合本省实际，制定本办法。"省科学技术奖包括科学技术突出贡献奖、自然科学奖、技术发明奖、科学技术进步奖、科学技术合作奖。省奖的奖励级别较高，同时奖励政策以及公平公正的评奖机制，极大地激发了教师申报奖项的热情，激发了高校教师为了获得奖励和荣誉而进行高质量的科学研究、产出高质量的研究成果的积极性和潜力。

二、燕山大学科研激励机制的实践

近 20 年来，随着我国学术环境不断宽松和优化，国家日益重视科学研究和科技发展，相关政策接连出台，经费投入力度不断加大，各高等院校也向国外高校学习和吸收先进的科研管理工作经验。河北省内高校在吸收借鉴国外经验的同时，也向国内其他省份高校学习，在自身行政管理体制的基础上，建立起了适应本校自身发展实际情况的科研管理体制和科研激励机制，并在实践中不断调整和优化，形成了更加科学合理的激励机制，从而促进学校整体科学研究的发展和学校发展目标的实现。

（一）燕山大学科学研究基本情况

燕山大学是河北省人民政府、教育部、工业和信息化部、国家国防科技工业局四方共建的全国重点大学，河北省重点支持的国家一流大学和世界一流学科建设高校，北京高科大学联盟成员。近年来，学校的科学研究发展取得了不错的成绩，科技创新能力显著增强。

自然科学方面，服务国家重大工程建设，多个科研团队参与 C919 大型客机、"中国天眼"、北斗卫星导航系统、港珠澳大桥等多项国家重大工程的关键或核心部件的设计与制造；2000—2024 年，学校连续获得国家科技奖励 20 项，其中国家科学技术进步奖一等奖 2 项、二等奖 9 项，国家技术发明奖二等奖 5 项，国家自然科学奖二等奖 4 项；承担国家重点基础研究发展计划、国家高技术研究发展计划、国家重点研发计划、国家自然科学基金和国家社会科学基金项目 1300 余项；2013 年和 2014 年，学校连续有 2 项科研成果入选"中国科学十大进展"和"中国高校十大科技进展"；新增国家级科技创新平台 3 个、省级科技创新平台 18 个；重点布局新兴研究领域方向，建设"四个研究院、三个中心"。社会科学方面，2020—2024 年，共获批国家社会科学基金 46 项、国家艺术基金 3 项，其中马克思主义理论研究和建设工程重大项目 1 项、国家社会科学基金重大项目 1 项；获河北省社会科学优秀成果奖 37

项，其中一等奖 3 项；300 余篇咨政报告获得省级以上领导肯定性批示或部门决策采纳，其中 3 篇获国家领导人批示，18 篇获正省级领导批示；燕山大学现有省级人文社科研究平台 26 个，5 家智库入选 CTTI 来源智库，在 2022 年和 2023 年的新型智库治理论坛上，河北省公共政策评估研究中心荣登"CTTI 高校智库百强榜"，17 项成果入选 CTTI 年度智库最佳案例与优秀成果；探索根植于燕赵大地、融合多元文化，体现中国特色、中国风格、中国气派的新文科建设路径，建设人文社科"两院一中心"，即全面依法治省研究院、东北亚丝路文明研究院、中国长城文化研究与传播中心。这些科研业绩的取得，与燕山大学完整的科研激励机制是密不可分的。

近年来，学校相继出台了多个科研激励相关管理办法，形成了完整的科研激励机制体系，如《燕山大学科研工作量核定与科研成果奖励办法》《燕山大学决策咨询类成果奖励暂行办法》《燕山大学高水平学术著作评审办法》《燕山大学科技成果知识产权管理办法》等。这些管理办法对于教师进行项目申报、咨政研究、社会服务、产出成果等都有极大的促进作用。2020 年，学校出台了《燕山大学奖励性绩效工资实施细则（试行）》，将各类科研业绩纳入奖励性绩效工资范畴，对科研激励体系重新进行了调整和优化。

（二）燕山大学科研激励机制的探索

1. 纵向科研项目实行工作量奖励政策，充分调动了教师申报项目的积极性

纵向科研项目是政府部门下达的项目。为了鼓励教师积极参与纵向科研项目的研究工作，学校对于教师获得的纵向科研项目，根据其科研经费到款实行工作量配套奖励。项目依据理工、社科类区分，以及国家、省部厅局等级别的不同，工作量核算系数有所不同。社科类项目因经费额度较低，但完成难度与同级别理工类项目相当，因此系数较高；国家级项目相对于省部级和厅局级项目来说，系数较高。根据奖励办法，如获得国家自然科学基金面上项目，经费为 80 万元，则负责人和团队将获得 6 万元的工作量奖励；如获得国家社会科学基金年度项目，经费为 20 万元，则负责人和团队将获得 7.2 万元的工作量奖励。因省部级、厅局级社科类项目经费支持额度普遍较低，

学校为了支持人文社科研究的发展，对于社科类项目经费不足1万元的，按照1万元计算对应工作量奖励。此项工作量奖励政策，在补充上级部门项目经费支持不足的同时，也相应地激励了学校教师积极参与高层次高资助额度项目的竞争，为学校科研项目数量的增长、层次的提高奠定了基础。

2. 横向科研项目的工作量奖励，成为科研经费增长的重要保障

相较于纵向项目，横向项目来源更广，研究内容更加贴近社会需求，针对性强，周期短，对高校加强科研合作、获得科研经费具有重要的作用。为了鼓励和支持教师积极参与横向项目、与各单位开展合作、签订横向合同，学校同样根据横向课题经费到账额度给予工作量奖励。相较于纵向项目，横向项目工作量稍低，对于合同额500万元以下的项目，奖励额度为240元/万元；合同额在500万元到1000万元之间的，奖励额度为168元/万元；合同额超过1000万元的，奖励额度为72元/万元。与此同时，横向科研项目和经费到款也作为学校职称评审的业务条件之一，这些都大大激发了教师争取横向科研项目的热情，成为科研经费增长的主要途径。

3. 专项经费政策，充分调动教师参与科研的积极性

科研项目是教师从事科研活动的主要形式。为鼓励学校教师，特别是青年教师从事科学研究、获取科研项目，除组织横纵向项目的申报外，学校还每年拨付专项经费设立校内研究课题，旨在培育高水平项目，为青年教师提供科研支持，产出高水平研究成果，培育创新型人才，提高科研创新能力。学校于2013年设立燕山大学青年教师自主研究计划课题，用于支持青年教师在科学研究领域内开展自由探索和自主创新活动，提高科技创新能力，促进基础科学研究的可持续发展。项目每年评审一次，分为A类和B类：A类以培养高端人才为目标，理工类资助8万元/项，社科类资助4万元/项；B类以培养科研骨干为目标，理工类资助4万元/项，社科类资助2万元/项。该项目自设立以来受到了青年教师的普遍关注和欢迎，每年申报数量众多，截至2016年，学校共投入1432万元用于资助该项目。

除此之外，学校还设立了国家社科基金培育课题，每项资助额度为3万元；根据发展现实设立相关专项，如国际化建设研究专项、高等教育研究专项等。以上校内专项的设置和实施，对于培育国家级项目、培养青年教师科

研能力等起到了重要的作用。

4.优秀科研成果奖励，使科研成果数量和质量明显提高

为鼓励教师产出高水平的科研成果，根据《燕山大学科研工作量核定与科研成果奖励办法》，主要对教师的获奖、高水平论文进行奖励。对于获奖，国家一等奖奖励20万元、二等奖奖励10万元，省级特等奖奖励10万元、一等奖奖励5万元、二等奖奖励3万元（理工）/1.5万元（社科）、三等奖奖励1万元（理工）/0.5万元（社科）。对于高水平论文，发表于 *Nature*、*Science* 上的奖励10万元，其他论文奖励1000元至2万元不等。著作与专利也根据其字数和成果质量、专利类型等有不同额度的资助。

除此之外，为鼓励广大教师积极参与咨政研究，提高咨政研究成果水平和哲学社会科学的社会服务能力，学校于2016年出台了《燕山大学决策咨询类成果奖励暂行办法》。对于咨政报告，根据其批示和采纳级别，给予3000元到5万元不等的奖励。对刊载于国家社会科学基金《成果要报》，被中央与国家部委、新华社等内参，以及被《教育部简报（高校智库专刊）》采用的成果，按照8000元进行奖励。

科研成果奖励制度的实施，极大地提高了教师产出科研成果的积极性，科研成果的数量和质量均明显提高。

5.学术会议资助政策，促进了国内外学术交流与合作

为鼓励教师参与高水平学术交流，学校于2009年出台了《燕山大学资助参加国际高水平学术会议专项基金管理办法》，每年拨出一定数额的专项资金设立燕山大学国际会议专项资助基金，用于资助和鼓励在科研和教学上有所成就的中青年学者积极参与国际学术交流，提升学校的整体实力和国际影响力。该办法的实施，为教师前往国外参加学术交流活动提供了便利和途径，对于开阔与提升教师的眼界和科研能力、提高学校实力和影响力都起到了十分重要的作用。

除以上几种激励制度外，学校还在科研考核、二级单位考核制度中，将科研项目与成果作为重要的考核指标；在职称评审制度和硕博士导师遴选制度中，专门设置了科研项目、科研成果的条件。由以上各种制度所构成的科研激励机制，充分地调动了广大教师参与科学研究的积极性，推动了学校科研事业的发展。

第四节 科研激励机制存在的问题及对策

一、科研激励机制存在的问题

如上文所述，河北省和燕山大学的科研激励机制实践充分印证了实施科研激励机制的必要性，对于其他高校来说，科研激励机制对高校科研发展同样具有不可替代的促进作用。但是，我国高校目前的科研激励机制仍然存在许多问题。结合河北省和燕山大学的实践以及对国内院校激励机制的调研情况，笔者认为目前高校科研激励机制存在的问题主要表现为以下几个方面。

1. 重数量轻质量

目前，国内许多高校的科研绩效考核、成果奖励制度等都是以物质进行奖励，从而激励教师从事科研活动，在评定职称、上岗及晋级考核、硕博士导师遴选等方面也都是以成果的数量为主要标准，而极少将成果的质量作为评价标准。这种激励机制使得高校教师主要以论文数量的增加为科研目标，对于质量的要求可能有所降低。对于高校来说，论文数量虽明显增长，但是较难产出高水平高质量的科研成果。

2. 团队激励有待加强

在大部分高校的科研激励机制中，都侧重于对个人的激励而忽视了对团队的激励，评价中强调"项目负责人""第一完成人""第一作者"等信息，而对于合作者和团队贡献者关注不够。这种激励机制有失公平，且不利于科研团队的形成。在这种激励机制下，教师们更加倾向于单打独斗，而不愿意加入科研团队进行科研活动。

3. 二级单位科研激励发挥作用较小

高校为实现学校科研发展目标需要出台相应的激励机制，而学校科研管理部门是这些激励措施的主要制定者，所制定的措施是校级科研激励机制的重要组成部分，同时也会以此对教师进行科研评价。在这种情况下，二级单位科研激励措施的制定就显得没有那么积极。同时，因为奖励力度等因素，二级单位的科研激励对于教师的激励作用相对较小，教师更愿意追求激励效果更强的成果目标，而对于二级单位的目标重视程度不足。长此以往，学校就形成了重校级科研激励、轻二级单位科研激励的现象。

4.专项激励措施稍显不足

高校的科研激励政策大部分属于面上激励措施，适用于高校内的每一个教师。相对而言，高校对于重点学科、特殊领域、个别人群的专项激励重视不足。虽然部分高校出台了针对青年教师的激励政策，但是力度还远远不足。对于其他人群，如学科带头人、项目首席专家、专项人才等缺乏有效的专项激励措施。在某些学科方面，尤其是基础学科，激励力度更加不足。

二、完善科研激励机制的措施建议

（一）完善高校的科研激励制度

1.建立人才引进和培养激励制度

高校通过制定有效的引进人才和培养人才的政策，不仅能够吸引外部优秀人才加入高校，还能充分发掘内部研究人员的潜力，帮助科研工作者实现自我价值。通过行之有效的人才引进和培养激励制度，科研人员能够获得归属感和认同感，减少和避免人才的流失。

缺乏有效的人才激励机制是造成高校科研人才流失的重要因素之一。科研人员在缺乏激励的环境中，个人价值难以得到实现。同时，高校中职称评审、评优争先等往往存在论资排辈的不良现象，这些都严重地影响了科研人员的积极性。落后的科研管理思想、不公平的科研激励制度严重地制约了科研人员发挥其创造力，高校建立和完善合理的人才引进和培养激励制度具有十分重要的意义。

（1）建立吸引人才的激励制度。吸引人才包括两个方面：一是吸引校外优秀的毕业生或高端人才来本校工作；二是吸引本校优秀毕业生留校。吸引校外优秀的毕业生或高端人才来本校工作，能够给学校增添活力和新鲜血液，能够带来新的思想。通过各项政策吸引高层次人才，为学科、专业发展推波助力，同时也能够激励单位内部成员从不同的角度思考问题，提高整体的科研创新能力。吸引本校优秀毕业生留校是通过相关的手段和政策留住人才，让校内的科研人才能够更好、更稳定地工作，避免人才流失。

（2）建立培养人才的激励制度。随着时代的发展，科学技术进入了迅猛发展的阶段，知识的更新迭代速度飞快，新的科学技术不断涌现，知识和信息对于高校的科研人员来说十分重要。科研人员要不断地学习本领域甚至其他领域的新知识，不断获取新的信息，不然发展的步伐会放缓，创新能力也会有所下降。在知识经济时代，只有不断学习才能不断进步。通过专业知识的培训，进一步提高科研人员的认识水平和专业水平，使其把握学科前沿动态，提高科研本领，实现科研理想。对于科研人员的培养应当注意以下两个方面：一是对专业知识技能的培养；二是加强对科研人员的价值观教育。研究者的创新能力在很大程度上受其价值取向的影响，包括对科学研究认真、诚信、端正的态度等。研究人员的价值取向是决定研究者创新能力的重要因素。

2. 建立科研团队激励制度

科学研究的发展不是单纯依靠某一个人就能够实现的，科研团队是科学研究重要的基本组成单位。建立和培养科研团队是科学研究发展的必然要求。团队精神使内部成员之间能够团结合作、友好相处、互帮互助、相互促进，形成良好和谐的人际关系和凝聚的团队氛围。这种良好的关系和氛围在很大程度上可以促进科研合作、提高团队工作热情，满足团队成员和整体的发展需求。团队良好的工作氛围，可以使团队成员获得归属感和认同感，同时培养了其自信心，体现团队激励的作用，调动团队成员的积极性，激发个人的工作和学习兴趣，使科研人员能够更有创造性地开展工作和学习。科研团队是一个整体，不仅要充分发挥每个成员的专长，而且还要形成合力，使团队更加有凝聚力和战斗力，最终使团队的科研成果显著大于单个成员科研成果之和，实现"1+1＞2"的效果。

3. 建立科学评价考核、鼓励探索、宽容失败的制度

目前，我国高校在科研评价中普遍仍以承担多少项目、发表多少论文为主要指标。以数量为标准进行评价考核，会出现"重数量轻质量"、评价周期短、不符合科研发展规律的弊端，这种激励制度不甚合理，不利于高校科学

研究的发展。因此，应当建立科学合理的科研评价、考核和激励机制。科学研究分为基础研究和应用研究，应根据不同的研究类型建立分类评价和考核机制。在考核和评价时不能唯某项指标，评价周期也应当根据研究的实际情况设置，不宜太短。高质量的科研成果往往需要长期的积累和研究，评价周期过短不利于优秀科研成果的形成。要建立合理的评价考核体制，以对科研人员的各项科研成果进行综合且全方面的考核；并且以质量为先，建立科学的同行评议机制，着重关注科研质量，并对高质量科学研究给予相应的奖励。科学合理的评价指标体系可以鼓励科研人员不断创造有价值的科研成果，提高成果质量，同时也能防范科研诚信问题的出现。

科学研究是一个创造性劳动的过程，需要长期积累。科研的探索是有风险的，并不是每一个科研项目的开展都能够成功，都能够达到预期的效果。因此，在建立高校科研激励机制时，除了要建立对成功的奖励机制外，还要营造宽松的科研环境，建立对失败的容忍机制。因此，这对科研评价和考核提出了更高的要求，要对评价对象进行科学的分级分类，根据不同情况对其项目研究周期、成果产出和资金使用等方面失败的次数或规模加以限定，超出了规定范围的失败科研才会受到一定的惩罚，在限定范围内则采取宽容的措施。在这种机制下，由于一定范围内的失败是可以接受的，所以高校科研人员的积极性会得到提高，不会因为害怕失败而畏首畏尾，创新意识也会随之提高；同时，科研人员的敢想敢为、勇于创新的精神也有助于提高成果的产出和质量。高校要在科研方面产出优秀的成果、取得良好的业绩，就必须要有公正且宽松的科研环境。

4. 建立以激励为导向的分配制度

高校的科研资源是一种稀缺资源，其稀缺性决定了高校的资源分配尤为重要。在科研资源分配过程中无法做到绝对的公平，建立合理的分配机制是科研激励的重要手段。高校应当坚持多劳多得、按成果质量分配的原则，创造更加具有竞争性的环境来激发科研人员的创造力和工作动力，促进高校科研目标的实现。高校科研管理工作要建立以激励和创新为导向的资源分配体系，具体表现为建立向特聘岗位和有特殊贡献的人才、重大科研项目、标志性成果等倾斜的资源配置政策。有导向性的资源分配制度是体现激励效果的主要表现形式，是建立规范化激励制度的重要组成部分。

5. 建立知识产权保护的激励制度

知识产权制度是知识经济时代调整人类财产与社会关系的杠杆，它是一种以国家意志的形式赋予知识的财产权利的制度。知识产权制度对科研人员的激励作用主要体现在对著作权人和所有发明人的名誉权（人身权）、财产权和处分权的尊重和保护上。科研成果专利也是科研成果的主要形式之一，科研管理的专利保护就是对其进行有效的管理和保密。高校应把握知识产权的科研激励，真正维护科研人员的利益，促进科研的持续发展。

6. 建立负向激励制度

以上几点激励制度均属于正向激励制度。正向激励制度促成了高校科研成果、科研项目等指标的快速攀升，但是高校在关注正向激励的同时，也不能忽视负向激励的重要作用。负向激励制度能够有效防止不良科研行为被效仿、扩散传播，有利于营造风清气正的学术氛围。负向激励制度是正向激励制度无法覆盖部分的有效补充，相较于正向激励，它能够对科研人员产生更大更有效的心理刺激作用，从而督促科研人员进行规范的科学研究。高校普遍具有完善的奖惩制度，但是对于不良的科研行为，高校的处理态度大多并不积极。受高校诸多利益关系和因素的影响制约，管理人员基于抱有"老好人"或"多一事不如少一事"的思想观念，抗拒负向激励的执行，发现问题时多大事化小、内部问题内部解决，使得负向激励制度形同虚设。除此之外，负向激励也有可能成为管理人员滥用权力、针对个别科研人员的工具，使其无法做到客观、公正、平等地对待负面案例。因此在负向激励制度建立和完善的过程中，需要广泛征求意见，确保其科学性、合理性，既保证科研管理的严肃性，又能起到惩前毖后的有效作用，同时还需要与高校人才引进、科研奖励、职称晋级、导师遴选等各项政策相衔接，形成相辅相成的完整的政策体系。在执行负向激励机制的过程中，科研管理人员既要做到客观公正地对待每一个负面案例，按照相关文件的规定做好惩戒工作，又要摒弃"老好人"思想，使负向激励真正发挥作用。

（二）优化科研管理体系

1. 树立现代科研管理理念，构建科研校园文化

科研管理理念是科研管理的基础和依托，对科研管理行为具有支撑作用。现阶段，高校的科研管理理念相对于知识经济的发展有所落后，还没有完全摆脱传统的管理理念：高校科研管理习惯于上项目、列计划，向上级主管部门要经费、跑项目等，长期将"出成果、出人才"作为科研管理的目标。科研管理工作者必须认识到自身在科研管理理念上的落后，即"束缚管理"和"重物轻人的管理"。"束缚管理"是指领导者处于高位，统一安排工作和计划任务，并对工作的全过程进行监督，要求员工完全按照领导的意愿行事，工作人员没有自主性、积极性与主动性。"重物轻人的管理"就是在管理过程中忽略了"人"作为创造主体的重要性。科研管理工作者必须彻底转变"重物轻人"的观念，时刻以"服务者"自居，树立现代科研管理理念，切实做到在发现人才、培养人才、吸引人才和稳定人才的各个环节中坚持"以人为本"，重视人的个性发展，并尽可能地创造条件，提供良好的服务，使他们能自由地、全面地发展自己的潜能，实现自己的价值，使科研人员的创造性最大限度地得到激发。

校园文化建设在高校科研工作中发挥着重要作用，是促进高校科研发展的有效途径。高校科研发展应与校园文化有机结合，形成科研创新的校园文化，从而提升高校科研的效果和效率。建设科研创新校园文化，培养科研人员的创新意识和创新精神，有利于形成鼓励创新、包容失败的文化氛围，提高科研人员的创造力。

2. 健全高校科研管理流程

（1）在项目管理方面，科研管理部门要摒弃"上传下达"的工作模式，要秉持以人为本的理念，服务于教师、服务于学校科研发展；在管理方式方法上进行创新探索，以激励教师进行科学研究，获得更多高水平的科研项目。具有激励作用的科研管理应包括以下几个方面：一是统筹谋划重大项目，协助教师进行申报。高校承担的重大国家科研项目数量在很大程度上表明了学校在该领域的科研实力。国家级重大项目的申请和立项相对于其他项目难度较大，涉及

众多领域、学科以及科研力量等，单纯依靠教师个人力量来进行重大项目的申报难以实现，因此需要高校科研管理部门统筹规划，组织多方力量，协助协调不同的学科和专业，联系校内外专家，做好选题和申请书论证、合作单位拟定与协商等的服务支持工作。充分调动和发挥高校科研管理部门的积极性，对于提高国家级重大项目的申报成功率和立项率都有十分重要的推动作用。二是制定完善的项目申报预审制度。在项目申报过程中，科研管理部门要对申请书质量和格式进行严格的审核把关，而不仅仅是将材料简单地提交至上级部门。教师在申报项目的过程中，往往因经验不够丰富，申请书撰写内容和形式容易出现不甚规范的情况，这就需要科研管理人员进行审核与辅导，必要时可邀请校内外专家对申请书进行评审论证，以切实提高申报质量，从而提高科研项目的立项率。同时，也可提高教师进行科学研究的积极性和创造性，产生激励作用。三是强化项目的中期管理和结项管理。在项目管理中，不能单纯地重立项而忽视了项目的研究过程和结项管理。项目按期完成和成果质量以及结项结果也应当是衡量科研管理水平和高校科研业绩的重要指标。科研管理应对项目中期过程进行监督和管理，对于项目研究过程中遇到的问题提供力所能及的帮助，以协助项目负责人顺利进行项目研究；同时对于结题成果进行严格把关，提高项目的结题率和成果质量。

（2）在成果评价方面，现阶段高校对于科研成果的评价标准较为单一，评价标准主要是对科研成果的量化要求，科研人员单纯追求发表 SCI、核心期刊等论文的数量，功利性较强，研究质量不高。习近平总书记指出："加快实现科技自立自强，要用好科技成果评价这个指挥棒，遵循科技创新规律，坚持正确的科技成果评价导向，激发科技人员积极性。"高校要深入贯彻落实《国务院办公厅关于完善科技成果评价机制的指导意见》和习近平总书记的相关讲话精神，完善科研成果评价体系，真正激发科研人员的内在创新活力。高校要积极探索评价标准，发挥不同主体在成果评价中的作用；针对不同类别的科研成果，制定不同的分类评价指标，全面纠正在科研成果评价中的重数量、轻质量的不良倾向；尽快破除科研成果评价中的"五唯"（即唯论文、唯帽子、唯职称、唯学历、唯奖项）问题，鼓励高校科研人员将论文写在祖国大地上，以更加科学合理公平公正的成果评价体系激发科研人员的创造活力，产出更多高质量的学术成果。

（3）在科研成果转化方面，部分高校在科研激励方面倾向于重数量、轻质量，也使得高校的科研成果缺乏转化的动力。高校要制定相应的制度鼓励科研成果转化，以专利授权、专利转让、技术转让和技术服务等形式奖励科研成果转化，为教师科研成果转化提供足够的动力。高校科研管理部门要积极主动承担起为学校成果转化开辟市场的责任，积极参与各种成果展，努力推动科技与市场相结合，使高校科研符合市场需求。

（4）在经费管理方面，科研经费的管理一直以来都是科研管理工作的重点内容和重要内容，对于激励科研人员科技创新、激发科研创造性具有重要意义。同时，也因为经费管理制度的制定主体多、法律规定繁杂、经费使用要求严格、经费报销流程复杂等，广大科研人员对其多有诟病。习近平总书记强调："给予科研单位更多自主权，赋予科学家更大技术路线决定权和经费使用权，让科研单位和科研人员从烦琐、不必要的体制机制束缚中解放出来！"党的十八大以来，中共中央、国务院，相关部委，以及各级党委政府和有关部门深入推进科技领域"放管服"改革，制定了一系列优化科研经费管理和使用的政策措施，出台了一系列配套文件，在政策层面上对科研经费的使用和管理进行了优化，有力地激发了科研人员的创造能力和创新活力，推动了科学研究的发展。

在高校层面，科研经费管理中要深入落实各级部门的相关经费政策。完善校内科研经费管理体制机制、减轻科研人员经费使用负担、确保经费使用合规合理并产生良好效益，是科研激励的重要方面。具体做法如下：一是高校结合实际制定符合上级部门要求和符合自身发展需求的科研经费管理制度。由于经费政策众多，学校自身的经费政策要在综合考虑各项政策文件的基础上，制定总体规则和原则，避免出现遗漏、矛盾等现象。二是细化经费使用指导流程。学校的科研经费管理文件多为指导性和总体性的，对于科研经费如何使用、如何进行报销等，科研人员往往不甚清楚；针对不同课题，在科研经费使用方面也有不一样的要求，科研人员因对经费使用要求不熟悉而导致报销过程中耗费大量的时间和精力的现象多有存在。因此，财务部门和科研管理部门应当协同配合，共同制定不同类别项目的科研经费使用指南，简化各项流程，对于每一类别经费科目如何设置、各类经费项目如何报销等进行详细的指导。三是建立科研和财务一体化系统。科研管理人员对各类科研项目的经费要求相对熟悉，但是财务人员可能对每个项目的具体要求不太熟悉，而在科研经费的使用过程中，科研人员直接对接财务，容易出现经费使用不合理、不规范等情况；有的高校科研经费需要先经过科研管理部门审批后再前往财务处理，流程烦琐，给科研人员造成了负担。建立科研和财务一体化对接系统，使科研管理人员和财务人员都能全面掌握科研经费动态和使用情况，督促科研经费合理合规支出，及时发现不合规情况，提高效率。四是加强经费的监督和审计。虽然目前总体政策是为科研人员营造宽松的科研经费环境，给予其更多的经费使用自主权，但是经费使用最基本的原则是合理合法合规，杜绝出现套取科研资金、列支无关支出、使用虚假票据等违法违纪现象。高校在营造宽松的经费环境的同时，仍需加强对科研经费的监管，必要时开展内部审计工作，确保科研经费使用不出现问题。

（5）在信息化建设方面，高校的信息化建设是提高管理效率的有效手段。信息化手段在科研管理中的运用能够极大地为管理人员和科研人员提供便利，无论是科研管理工作，还是科研人员进行科研活动，信息技术手段都不可或缺。现阶段，信息技术迅猛发展，在高校科研管理工作中运用信息系统既节省时间空间，又准确高效。目前，绝大多数课题申报均采取系统申报的形式进行，摒弃了纸质化申报的烦琐程序。高校的科研管理工作在近20年，也逐步从纸质化管理向信息化管理转变。如今绝大多数高校已经实现了信息化管理，但是在信息化管理的过程中仍然存在着系统陈旧、科研人员对使用流程不清晰、与其他部门系统不能对接等问题。高校科研管理的信息化建设工作，应当做到与时俱进、实时更新，不断完善系统功能，最大限度为管理人员和科研人员提供便利；同时，还要积极探索科研管理与财务、人事、教务等系统的对接统一，形成完整的高校管理系统体系。除了科研管理系统的运用与完善外，科研信息化还体现在沟通机制、信息公开等多个方面。信息化沟通机制节约了沟通的时间成本，提高了沟通效率，科研信息公开制度的建立能够营造公正严谨和公开透明的科研环境，这些手段都有助于提升科研人员的科研热情和积极性。

3. 完善校内科研培育机制

校内科研培育机制对于激发年轻科研人员的研究热情和活力具有重要的作用。博士刚毕业的研究人员往往具有较强的科研能力但是没有太多的项目申请和研究经验，来自校内的支持对于年轻科研人员的科研起步和探索尤为重要。高校通过校内培育制度，支持有潜力的科研人员，对其申报高层次项目、取得高水平成果起到良好的促进作用。大部分高校在教师新入职之际都会配备相应的科研启动经费。除此之外，高校还应加大支持和投入力度，设立更多的高水平培育项目，制定完备的项目遴选和评审体系，真正起到激励与培育的良好作用。同时，高校还应当探索高水平标志性成果的培育机制，结合科研发展实际需求，引导科研成果方向，促进高水平科研成果的产出，确保研究质量。

第三章 高校人文社科科研管理研究

人文社会科学同自然科学一起，共同构成了推进人类文明发展和社会进步的两大推动力量。人文社会科学的研究对于国家重大战略的贯彻、经济社会的发展具有重要的作用，因此人文社科研究具有十分重要的意义。高等院校的人文社会科学研究是高等教育事业和科学研究事业的重要组成部分，肩负着提升我国人文社会科学研究水平、发展中国特色社会主义、推动马克思主义理论研究和建设工程、培养社科人才的重要任务。

第一节 人文社科的背景和重要性

一、人文社会科学的概念

人文社会科学是人文科学和社会科学的总称，它以人的社会存在为研究对象，以探索、揭示人的本质和人类社会发展规律为目的，同现代科学体系中另一大科学部类——自然科学相关联又相对应。人文科学主要研究人的主观精神世界及其所积淀下来的精神文化，包括哲学、语言学、艺术学等。人文科学常用意义分析和解释学的方法研究微观领域的精神文化现象。社会科学主要研究客观的人类社会以及人身上所表现出来的"特定社会的东西",包括政治学、经济学、军事学、法学、教育学等。社会科学侧重于运用实证的方法来研究宏观的社会现象。

人文社会科学与自然科学的研究有许多联系,也有诸多区别。它们的区别主要体现在以下三个方面:一是研究对象不同。人文社会科学主要研究人类的社会行为、文化现象、价值观念等主观领域,自然科学更加关注客观物质世界和自然规律。二是研究方法不同。人文社会科学一般采用主观的研究方法,如调查研究、比较研究、归纳总结等;自然科学更加依赖于客观的实验和观察等实证研究方法。三是研究特性不同。人文社会科学研究的是有内在关联的事物,研究主体与客体之间可以沟通理解,呈现双向互动关系;自然科学研究自然现象和物质世界的本质和规律,追求客观性和可验证性。

尽管人文社会科学与自然科学存在着区别,但是两者在探索现实世界和解决实际问题上是相辅相成的,其目标都是通过理性的探索和解释,增进对世界的认识和理解。通过跨学科的合作和交叉研究,推动人类文明发展和社会进步。两者都是科学体系的重要组成部分,共同构成了人类认识世界的全面框架。

二、人文社会科学的背景

(一)人文社会科学的起源与发展

人文社会科学的发展具有很强的时代特征,不同时代的人们对于社会的认知程度不同,使得人文社会科学研究的对象、方法等都有很大的区别。社会科学随着时代的发展和科技的进步,也在不断地进步和发展。在古代,社会生产力发展水平较低,人类的认知水平也很低,对于社会科学的认知非常简单。随着社会的发展、科技的进步,人们的认知水平不断提高,认识社会的能力也随之增强,各种思潮不断涌现。人文社会科学的起源可以追溯到古希腊和古罗马时期,哲学家们开始对人类的存在、本质、道德和秩序等问题进行探讨和思考,形成了最早期的人文社会科学思想。在中世纪,人文社会科学的发展受到了教会的影响，哲学和神学占据了主要地位，然而也是在这一时期，法学、政治学、社会学等学科也出现了萌芽。

人文社会科学发展于文艺复兴时期，当时的文科强调人文主义，重新追求古典文化，突出文化、律法、历史和哲学等知识，强调人类个体地位和自由意志的重要性。在这一阶段，文学、历史学、语言学等学科逐渐发展起来，社会科学从神学中分离开来，形成了独立的学科体系。经过中世纪"自由艺术"长时间的垄断后，人文学科在此时期重新被发现并推行，改变了西方当时的知识结构体系，为近代哲学社会科学的发展奠定了基础。近代，随着工业革命的推进，科技进步发展，自然科学研究方法被引入人文社会科学研究领域，推动了人文社会科学的迅猛发展，很多学科逐渐发展成熟，形成了完善的学科体系，社会科学的研究取得了突出进展。

现代，随着知识大爆炸和科技的飞速发展，在全球化的背景下，人文社会科学越来越受到重视，并取得了显著的成就。跨学科领域的研究逐渐增多，各学科交叉融合促进了学科交流，迸发出新的思想和火花。这种模式有助于打破学科壁垒，为创新提供新的视角和方法。数字化和科技手段广泛应用于人文社会科学的研究。随着信息科技的迅速发展，借助大数据、人工智能等科技手段，社科研究人员能够更好地揭示事物规律和社会现象。全球化的研究也成为人文社会科学研究领域的重要方面。全球化是当今世界的显著特征，社科研究人员对全球化带来的文化融合与冲突、经济全球化的利弊、全球贸易发展、全球环境问题等都进行了丰富的研究，为理解全球化进程提供了丰富的理论支撑。社会创新与变革也越来越受到关注。社会科学探索社会变革产生的原因及其影响，探索社会创新的方式方法，为社会发展和改革提供了理论和实践指导。社会科学的进步体现在诸多领域，无法一一列举，人们越来越认识到社会科学的重要性，也越来越愿意探索社会科学的规律。社会科学的繁荣发展不仅是自身的发展，同时也为人类社会进步作出了重要贡献。

（二）人文社会科学在我国的发展和重要地位

1. 人文社会科学在我国的发展

中国古代的人文社会科学起源于先秦时期，以儒家、道家、墨家等学派为代表。这一时期，社会伦理、道德与政治、哲学等学科萌芽。到了中世纪，佛教和道教的传播对于我国的人文社会科学产生了深远影响。我国真正的人文社会科学发展于清末民初。在民族存亡的大背景下，随着西方思潮的涌入，中国学者本着"中学为体，西学为用"和"学为政本"的理念，开始对西方哲学和思想进行研究，并将其与中国传统思想文化相融合。中国共产党成立以来，马克思主义得到了广泛的宣传和研究，很多先进知识分子对马克思主义的研究阐释为我国人文社会科学基本走向和发展趋势奠定了基础。抗日战争时期，中国共产党高度重视马克思主义经典著作的翻译和出版，史学、哲学、经济学、政治学等学科取得了突出进展。

1956年，毛泽东提出了"百花齐放、百家争鸣"的方针，国务院制定了《1956—1967哲学社会科学规划草案（初稿）》，中国科学院哲学社会科学部和各地方人文社会科学研究机构相继成立，这些都为我国的人文社会科学发展奠定了基础。改革开放以来，我国的人文社会科学肩负着传承与创新中华优秀传统文化这一艰巨任务，社会科学研究人员在马克思主义的指导下，结合我国历史和发展实际，对社会主义市场经济、社会主义核心价值观等问题进行了深入研究，形成了一套具有中国特色的人文社会科学理论观点和思想体系，取得了显著成就，大量人文社会科学学科门类得到了快速的发展与完善。

2. 人文社会科学在我国的重要地位

进入21世纪，人文社会科学越来越受到国家的重视。2004年1月，中共中央下发了《关于进一步繁荣发展哲学社会科学的意见》，指出："在全面建设小康社会、开创中国特色社会主义事业新局面、实现中华民族伟大复兴的历史进程中，哲学社会科学具有不可替代的作用。必须进一步提高对哲学社会科学重要性的认识，大力繁荣发展哲学社会科学。"

2016年5月17日，习近平总书记在北京主持召开哲学社会科学工作座谈会并发表重要讲话。他指出："哲学社会科学是人们认识世界、改造世界的重要工具，是推动历史发展和社会进步的重要力量，其发展水平反映了一个民族的思维能力、精神品格、文明素质，体现了一个国家的综合国力和国际竞争力。一个国家的发展水平，既取决于自然科学发展水平，也取决于哲学社会科学发展水平。一个没有发达的自然科学的国家不可能走在世界前列，一个没有繁荣的哲学社会科学的国家也不可能走在世界前列。坚持和发展中国特色社会主义，需要不断在实践和理论上进行探索、用发展着的理论指导发展着的实践。在这个过程中，哲学社会科学具有不可替代的重要地位，哲学社会科学工作者具有不可替代的重要作用。"习近平总书记的讲话深刻阐述了哲学社会科学的历史地位和时代价值，是指导新时代繁荣发展我国哲学社会科学事业的纲领性文献，对新时期做好哲学社会科学工作具有重大现实意义和深远历史影响。

党的二十大报告指出："深入实施马克思主义理论研究和建设工程，加快构建中国特色哲学社会科学学科体系、学术体系、话语体系，培育壮大哲学社会科学人才队伍。"这为新时代我国繁荣发展哲学社会科学、培养社会科学人才队伍提供了根本遵循。

三、人文社会科学研究的重要性

人文社会科学对于社会的发展同自然科学具有同等重要的作用。它的重要性主要体现在以下几个方面：

（1）人文社会科学研究有助于揭示事物的规律，帮助人们深入理解人类社会的运行机制、人类行为的复杂性以及各种社会现象。通过对文化、历史、心理学、社会学、政治学等学科的深入研究，人文社会科学可以揭示出人类社会的内在规律和人类行为的深层动机。这种理解能够帮助自然人更好地认识自己和他人，更好地应对社会挑战和解决问题，同时也有助于社会的稳定和发展。

（2）人文社会科学研究对于推动社会进步和文明发展具有重要意义。它通过探讨人类社会的历史变迁、制度演进和文化发展等问题，为社会发展提供了重要的思想基础和理论支撑。同时，人文社会科学研究还关注社会公正、人权、环境保护等议题，推动社会向着更加公正、和谐、可持续的方向发展。

（3）人文社会科学研究是中华优秀传统文化传承和创新的重要载体，承载着人类文明的智慧和经验，通过教育、研究、传播等方式，将知识传递给后人，推动文化的不断发展和创新。在这个过程中，我们可以从传统文化中汲取精华，同新知识相融合；同时，也需要不断探索和创新，以适应经济社会的快速发展和变化。

（4）人文社会科学研究能够促进文化交流和理解。在全球化背景下，不同文化之间的交流和碰撞日益频繁。人文社会科学研究通过探讨不同文化的特点和差异，增进我们对其他文化的理解和尊重，推动不同文化之间和谐共处和交流互鉴。

（5）人文社会科学研究是培养创新型人才的重要途径。通过研究来培养学生的批判性思维、创新能力和人文素养，帮助学生形成独立思考和解决问题的能力，为他们未来的职业发展和个人成长奠定坚实的基础。

人文社会科学研究对于个人、社会乃至整个人类文明的发展都具有重要意义。加强对人文社会科学研究的重视和支持，推动其不断发展和进步，能够为人类社会的繁荣和进步贡献更多的智慧和力量。

第二节 人文社科科研管理概述

人文社会科学的研究水平，是国家和民族思维能力、创造能力、精神面貌和文明素质的重要体现。人文社会科学研究的管理工作，对于推动人文社会科学繁荣发展具有重要的作用和意义。与自然科学研究相比，人文社会科学的研究在研究内容、对象、方法等方面都有很多特殊性，因此人文社会科学的科研管理工作也具有其独特的规律和特点。

一、人文社科科研管理的基本概念

人文社科科研管理，顾名思义，是指涵盖人文社会科学研究全过程的管理活动，是对人文社会科学研究活动进行的一系列组织、协调、控制和监督的过程。人文社科科研管理的目标是通过有效的管理手段，优化科研资源配置，提高人文社会科学研究的质量和效率，推动人文社会科学研究高水平成果的产出及创新应用，以满足经济社会发展的需求。在这个过程中，管理者要遵循人文社会科学研究的规律和特点，制定科学合理的科研政策和计划，为科研人员提供必要的支持和保障；同时，加强科研诚信和学术规范建设，确保科研活动健康有序进行。

二、人文社科科研管理的指导思想

（一）坚持以马克思主义为指导

人文社科科研管理活动应当坚持以马克思列宁主义、毛泽东思想、邓小平理论、"三个代表"重要思想、科学发展观和习近平新时代中国特色社会主义思想为指导，确保人文社会科学研究工作的正确方向。马克思主义为人文社科科研管理提供了科学的世界观和方法论。马克思主义揭示了人类社会发展的基本规律，为我们认识世界和改造世界提供了科学的指南。在人文社科科研管理中，运用马克思主义的世界观和方法论，可以帮助科研管理人员正确地把握工作的方向，确保科研管理活动的科学性、合理性和有效性。马克思主义为人文社科科研管理提供了价值导向。马克思主义强调人的全面发展和社会的全面进步，倡导以人民为中心的发展思想。在人文社科科研管理中，以马克思主义为指导，有助于科研管理人员树立正确的价值导向，将科研管理工作的重点放在解决人民群众关心的重大问题上，推动人文社会科学研究更好地服务于人民、服务于社会。在人文社科科研管理工作中，应当深入学习和贯彻马克思主义理论，将其作为根本遵循和行动指南。

（二）坚持党的全面领导

人文社科科研管理坚持党的全面领导，是把握人文社科研究方向、推动哲学社会科学事业繁荣发展的重要保障。党的全面领导是党和国家事业发展的根本保证，也是人文社科科研事业发展的根本保证。在人文社科科研管理中，要始终坚持党的领导，强化政治引领，深入学习贯彻习近平新时代中国特色社会主义思想，用党的创新理论武装头脑、指导实践、推动工作，确保人文社科研究工作能够始终站在党和人民的立场上，为党和人民的事业服务。

（三）坚持以人为本

以人为本的原则贯彻在各项管理工作的始终。如前文所述，这一思想是科研管理的重要原则，这个原则对于人文社科科研管理也尤为重要。在人文社科科研管理工作中，坚持以人为本能够激发科研人员的主动性和创造性，提高科研效率和质量，增强科研工作者的社会责任感和使命感。人文社会科学研究探索、揭示人的本质和人类社会的发展规律，本身就是对"人"的研究，在这个过程中，更需要以人为本的思想作为指导，激发人文社科研究人员的动力和创新能力，推动人文社科科研事业发展。

（四）坚持协同创新

人文社科科研管理应当鼓励跨学科、跨领域、跨机构的协同创新，通过校内协同、校校协同、校所协同、校企协同、校地协同、国际合作协同等，推动人文社科各学科之间、人文社科和理工学科之间的深度交叉与融合。人文社科科研管理要结合现有学科特色和优势，以"国家急需、世界一流"为目标，通过探索组建跨学科机构的科研团队、设立跨学科研究项目等方式，实现科研资源的优化配置和高效利用。

（五）坚持内涵式高质量发展

人文社科科研管理要坚持走内涵式高质量发展之路，注重提升人文社科科研的内在价值和核心竞争力。通过加强科研团队建设、优化科研环境、完善科研制度等方式，提高科研的质量和水平。

三、高校人文社科科研管理的特点

相比于自然科学，人文社会科学的研究具有互动性、主观性、人文性等特点，这些特点决定了人文社科的科研管理工作也要遵循人文社科研究的规律。高校是我国哲学社会科学研究"五路大军"的排头兵，是人文社科研究的主力部队。高校的人文社会科学研究进入了飞速发展的时期，人文社科科研能力也极大地影响着高校综合实力，因此越来越多的高校开始关注人文社会科学的发展。高校要想在人文社会科学研究方面取得长足的发展，离不开科学的人文社科科研管理工作。

（一）人文社科科研管理与自然科学科研管理的不同之处

在纵向项目管理方面，人文社会科学研究项目类别较多，对接的项目主管部门众多，各部委、各级党政机关等根据实际业务需要，都有可能设立相应的社科类纵向项目，但是经费资助额度相对较少；相比而言，自然科学研究项目对口部门较少，但是管理内容繁多，规定更为严格，项目经费资助数额远远高于社科类项目。

在横向项目管理方面，人文社会科学的横向社会服务主要体现在政策制定、设计规划等，横向服务内容较为局限；自然科学的横向项目更多地体现在科技研发、科技服务等方面，与企业联系较多，横向项目更多。

在经费管理方面，人文社科项目或平台等经费相对较少，且使用管理不当的问题较为显著，因此，需要更加注重经费的合理使用和效益评估；自然科学研究由于对实验设备和材料有需求，往往需要更多的资金投入，同时也需要关注资源的有效利用和共享。

在成果评估与转化方面，人文社科科研管理对成果的评估更注重对社会的贡献和影响，如政策建议、社会服务等，成果的转化则更多地体现在思想、文化和教育等方面；自然科学科研管理对成果的评估更注重技术的创新性和实用性，如专利、新产品等，成果的转化则更多地体现在产业化和商业化方面。

在考核评价方面，由于人文社会科学研究和自然科学研究具有差异性，导致两者在科研项目、成果产出、社会效益等方面均有较大差异。对于不同学科门类的科研考核评价指标等，要设置符合各自学科特点的科学合理的考核评价体系，二者不能适用于同一套考核评价体系。

人文社科科研管理与自然科学科研管理的差异要求科研管理人员在实际工作中制定不同的科学合理的科研管理体系，充分遵循人文社会科学研究的特点，采取分类管理的方式，推动管理工作的科学化运行。

（二）人文社科科研管理的特性要求

1. 管理要遵循人文社科研究的规律

人文社会科学研究主要分为基础研究、应用研究和综合性研究。现阶段，社科研究的应用型在不断加强，一些管理学、经济学等学科对于实践应用多有侧重，但是人文社会科学研究还是更多地偏重于基础研究和综合性研究。它涉及人们的价值观、社会观、世界观、审美观等多方面，不是单纯地运用数据统计、实验和调研就能得出研究结论的，需要查阅大量的文献、归纳总结、学术积累、丰富的阅历等，才能得出人文社会科学的研究结论。因此，在人文社科科研管理工作中，要鼓励人文社科科研人员做好前期积累、打好研究基础、制定长远的科研规划目标，要营造良好的学术氛围，不能有急功近利的政策导向。人文社会科学研究取得成果的周期较长，但是只要营造良好的科研氛围，让研究人员能够持之以恒、戒骄戒躁，经过积累定能产出优秀的人文社科研究成果。

2. 要坚持定性管理和定量管理相结合

人文社会科学研究具有独特性、偶然性、创造性、复杂性等特点，其产出的成果相对于自然科学的成果有较大的差异，这就决定了人文社科科研管理的学术评价指标有异于自然科学。在学术评价体系中，如科研经费数量、SCI论文发表数量、成果引用率等量化指标，相对而言更适用于对自然科学的科研评价。人文社会科学研究的项目经费数量少，成果大多为中文文章，且高层次期刊较少，发表难度较高；同时，人文社会科学研究具有开放、多元、主观等多种特性，因此对其研究的评价并不能以量化指标为唯一的考核标准，要更注重考核人文社会科学研究的学术性、创新性、理论价值与实践意义。要在人文社科科研的考核评价中，坚持定性管理与定量管理相结合，既关注承担项目的级别数量、成果发表的水平（如核心期刊、权威出版机构、批示领导级别等），又要考量其研究价值，采取同行专家评议的形式，考察其研究质量。高校人文社科科研管理工作要在定性管理和定量管理之间做好平衡，制定科学合理的评价体系和评价方法，使管理工作既能使人文社科科研工作者发挥创造性思维，又能制定出一定的标准对人文社科科研工作进行规范，以此促进高校人文社会科学研究的内涵式高质量发展。

第三节 我国高校人文社科科研管理现状

高校是人文社会科学研究的重要力量，高校的人文社会科学研究水平也直接关系着我国哲学社会科学的发展水平。同时，人文社科科研管理是高等院校工作的重要组成部分，是高校办学水平、管理能力和综合实力的重要体现。现阶段，随着党中央对我国哲学社会科学发展的重视程度不断提升，高校人文社科科研呈现出蓬勃发展的趋势，体现在人文社科科研项目数量增多、经费数额不断增长、成果水平逐步提高、智库建设得到重视等，这为高校的人文社科科研管理工作带来了巨大的机遇及挑战。

一、我国高校人文社科科研管理的发展历程

20世纪80年代，随着科学技术的不断发展，科研管理越来越受到重视，但是最初的高校科研管理机构大多面对的是自然科学和科技领域的科研管理。1979年，原国家教育委员会设立了文科科研处，但是其发展相对缓慢。1988年，原国家教育委员会发布了《高等学校社会科学科研管理暂行办法》，为高校社会科学研究管理工作提供了根本遵循。随着对人文社会科学的重新认识和社会科学研究的兴起，各高校纷纷出台相应的政策鼓励人文社会科学的研究。但是高校局限于当时的环境和条件，对于人文社科科研的管理基本上直接套用自然科学的科研管理模式，没有形成单独的系统。

到了20世纪90年代，人文社科科研管理呈现出现代化管理趋势。1991年，全国哲学社会科学规划办公室（以下简称国家规划办）成立，负责组织和制定国家哲学社会科学研究规划。在国家规划办的指导下，各省（自治区、直辖市）纷纷成立各地方的哲学社会科学规划办公室。同样在1991年，

教育部成立了社科司，负责高等院校的人文社科科研管理工作，各省（自治区、直辖市）教育厅也设立了科研管理部门。至此，我国高校的人文社科科研管理开始得到领导和指引，向规范化管理的方向发展。这一阶段，一些高校开始重视人文社会科学的发展，加大了支持力度，拥有了单独的人文社科科研管理模式。但是部分高校特别是以理工科见长的高校仍然对人文社会科学研究不重视，相应地，忽视了人文社科的科研管理，对于人文社科的科研管理同自然科学混同在一起。

进入21世纪，我国高校人文社科科研管理质量得到显著提升。2003年，教育部印发了《教育部关于进一步发展繁荣高校哲学社会科学的若干意见》。2004年，中共中央发布了《中共中央关于进一步繁荣发展哲学社会科学的意见》，明确提出了"积极推进哲学社会科学管理体制改革"。2006年，教育部发布了《教育部关于大力提高高等学校哲学社会科学研究质量的意见》，明确提出了"建立健全高等学校哲学社会科学科研管理制度""建立鼓励高质量研究成果的评价体系""采取有力措施切实提高高等学校哲学社会科学研究质量"。各地方、教育管理部门也相继出台了针对高校发展哲学社会科学的方针政策。在中共中央、教育部和各级主管部门的政策引领下，高校的人文社科科研管理工作得到了长足的发展。与此同时，随着对哲学社会科学的重视，关于人文社会科学的项目立项数量、资助经费额度飞跃式增长，人文社会科学研究平台、基地建设不断加强，高校人文社会科学研究队伍不断壮大等，这些都对高校人文社科科研管理工作提出了更高的要求。

2015年以来，人文社会科学得到了前所未有的重视。2015年1月，中共中央办公厅、国务院办公厅印发了《关于加强中国特色新型智库建设的意见》。2016年5月17日，习近平总书记在北京主持召开哲学社会科学工作座谈会并发表重要讲话，强调要按照立足中国、借鉴国外，挖掘历史、把握当代，关怀人类、面向未来的思路，着力构建中国特色哲学社会科学。2017年5月，中共中央印发了《关于加快构建中国特色哲学社会科学的意见》。2022年5月，中共中央宣传部、教育部联合印发了《面向2035高校哲学社会科学高质量发展行动计划》。2023年12月，教育部出台了《教育部哲学社会科学实验室建设与管理办法（试行）》。关于哲学社会科学的文件级别之高、数量之多,达到了历史之最。随之而来的是对高校人文社科科研管理工作的要求越来越高,高校开始认识到人文社科科研管理工作对于繁荣哲学社会科学事业的重要性,人文社科科研管理也呈现出专业化、精细化趋势。

二、高校人文社科科研管理机构设置案例

高校人文社科科研管理机构是高校人文社科科研管理工作的主体。由于各高校优势学科、发展水平存在差异,高校人文社科科研管理机构的设置多有不同,主要有以下几种模式:(1)没有设置单独的人文社科科研管理机构,人文社科科研管理职能由科研处统一承担。此种模式又分为两种情况,第一种情况是有单独的人文社科科研管理办公室,第二种情况是人文社科科研管理与理工科研管理混同。第二种情况多为人文社会科学发展水平较低的高校设置。(2)设有单独的人文社科科研管理机构,机构名称一般为社会科学处、文科处、社会科学部(北京大学)、人文社科研究院、哲学社会科学研究院等。以下选取一些高校、地区简要介绍高校人文社科科研管理机构设置案例。

(一)北京大学

北京大学毋庸置疑是我国文科最强的高校。北京大学人文社科科研管理机构的历史变迁大致如下:1956年9月,北京大学作出关于改进学校机构的决定。决定校一级行政管理机构共设一室四处,即大学办公室、教务处、科学工作处、总务处和人事处。其中,科学工作处下设计划组织科、研究生科和出版科。1960年4月,北京大学决定撤销教务处和科学工作处,教学科研方面设社会科学处、自然科学处、教学行政处、生产劳动处。1971年6月,校党委常委会和校革委常委会决定下设党政合一的校部办事机构(一室三组一部),即办公室、政工组、教改组、后勤组、武装部,其中教改组下设教学行政组、文科组、理工科组、语言组。1976年1月,学校教育革命部下设社会科学处、自然科学处、教学行政处。1979年,设立处级行政机构社会科学处。1999年6月,学校机构调整,原社会科学处、自然科学处、科技开发部等合并成立科学研究部,科研部下设社会科学办公室。2000年8月,社会

科学办公室从科研部独立出来,并更名为"社会科学部"。从此,北京大学的"社会科学部"一直承担着学校人文社科科研管理的工作职能。

北京大学社会科学部设有部长一人,副部长五人,下设综合规划工作、纵向项目工作、横向项目与合作、基地与机构工作、智库工作五个工作职能。

作为我国高校人文社科科研的领头军,北京大学自1960年就单独设立了社会科学处,与自然科学处并行,可见其对人文社科科研管理的重视程度较高。现阶段,北京大学社会科学部共有二十名工作人员,承担着全校的人文社科科研工作,推动着北京大学人文社会科学的建设发展。

(二)清华大学

与北京大学相对应,清华大学以工见长,是我国科技创新的重要阵地。清华大学文科恢复的时间不长,但是在短期内却取得了不俗的成绩,在我国乃至世界人文社科界占有重要的地位。1984年,清华大学成立了文科领导小组。1987年,学校基本形成了人文社科建设的领导体制,即文科领导小组是在党委和校长领导下,对文科建设起参谋和协调作用。1988年,学校为加强对人文社科建设的领导,成立了文科工作委员会。2000年,根据清华大学建设世界一流大学的总体规划和部署,进一步加强文科学科建设、科学研究的规划和管理,学校成立了文科建设处。文科建设处在科研院、教务处、研究生院等的大力配合与支持下,有效协调和推动了文科各学院的学科建设和科研工作,在人文社科建设和发展方面发挥了重要的组织、协调和推动作用。

清华大学文科建设处设有处长一人,副处长三人,下设综合办公室、项目办公室、学科办公室三个办公室。作为以理工科为主的高校,清华大学文科建设处的机构设置相对较为精简。

(三)燕山大学

燕山大学自独立办学以来,学校学科特色一直以工为主,机械工程、材料科学与工程两个学科处于我国高校第一方阵。作为一所以工见长的高校,燕山大学2006年开始关注人文社科的发展,启动了文科建设工程,设立专项资金用于支持人文社科的学科建设和研究工作。2011年以前,学校的科研管理工作由科技处承担，没有设置单独的人文社科管理科室。2011年，随着学校机构改革与调整，燕山大学成立了科学技术研究院，下设社科项目管理办公室，负责学校人文社科纵向项目、平台等的管理工作。随着学校对人文社科发展的高度重视并且在人文社会科学研究领域取得了成绩，2013年，学校成立社会科学处，设处长一人，挂靠科学技术研究院运行。2016年，社会科学处成为正式的独立处级机构，管理全校人文社会科学的研究与发展。经过八年的独立运行与发展，现燕山大学社会科学处设有处长一人，下设项目管理办公室和成果平台办公室两个办公室，目前有工作人员四人。

（四）河北省重点骨干大学基本情况

河北省共有十三所重点骨干大学，分别是河北工业大学、燕山大学、河北大学、河北师范大学、河北农业大学、河北医科大学、河北科技大学、河北经贸大学、华北理工大学、石家庄铁道大学、河北工程大学、河北中医药大学、河北地质大学。其中，河北大学、河北师范大学、河北经贸大学三所高校以文科为主，其余十所高校均以理工科为主。各骨干大学社科科研管理机构设置情况见表3-1。

表3-1 河北省重点骨干大学社科科研管理机构设置情况表

学校名称	社科科研管理部门	是否设有社科科研管理处级机构	是否设有社科科研管理科室
河北工业大学	人文社会科学研究管理处（挂靠科学技术研究院，副处级单位）	否	是
燕山大学	社会科学处	是	是
河北大学	哲学社会科学研究院	是	是
河北师范大学	社会科学处	是	是
河北农业大学	科学技术研究院	否	是
河北医科大学	科技处	否	是
河北科技大学	科学与技术发展研究院	否	是
河北经贸大学	科研处	否	是
华北理工大学	科学技术处	否	是
石家庄铁道大学	科技处	否	否
河北工程大学	科学技术研究院	否	否
河北中医药大学	科技处	否	否

(续表)

学校名称	社科科研管理部门	是否设有社科科研管理处级机构	是否设有社科科研管理科室
河北地质大学	科技处	否	否

由此可见，在河北省的十三所重点骨干大学中，设有独立运行的处级社科科研管理机构的高校只有三所，由于社科科研发展水平不同，另有部分高校没有设置专门的社科科研管理办公室，社科的项目成果管理等科研工作与自然科学一同进行。

三、我国高校人文社科科研管理存在的问题

随着国家对人文社会科学发展的重视程度逐渐提高，各高校的人文社科科研管理工作也越来越受到重视，科研管理水平逐渐提高，管理模式不断创新，但是在现阶段的发展中仍然存在一些不容忽视的问题。

（一）重视程度不够

现阶段，仍有许多高校没有认识到人文社会科学的发展对于服务国家重大战略、地方经济发展以及推动高校整体发展的重要作用，重理工、轻社科的现象比较突出。许多高校单纯地从项目立项资助额度、成果产出数量等指标看待所有科研活动，从而着重发展自然科学，忽视了人文社会科学研究的重要性，主要体现在以下几个方面：

（1）投入力度不足。高校的学科建设、科学研究发展都需要充足的经费、人力、物力、配套设施等作为保障和基础。相较于自然科学，人文社会科学发展需要的经费投入不多，对硬件条件（如实验室、设备器材）等依赖性不强，但这并不代表人文社会科学的发展不需要经费和其他保障。相反，相较于自然科学，人文社会科学研究的投入产出比更高，只要稍微加大对人文社会科学的支持力度，就能产出更多的高水平成果。然而很多高校对于人文社会科学研究的经费投入极其有限，专项经费在高校预算中的占比极低，这严重影响了高校人文社会科学研究的深入发展。

（2）没有单独的人文社科科研管理体系。从前文河北省重点骨干大学社

科科研管理机构的设置情况就可以看出，河北省绝大多数高校没有设置独立运行的人文社科科研管理处级机构，另有很多高校没有设置专门的社科科研管理科室，理工科和社科共同管理。纵观全国，没有设置专门社科科研管理机构的高校不在少数。同时，很多高校内部的科研管理体系没有将社会科学单独分出来，而是和自然科学共用一套科研管理体系。要知道，社会科学研究有其独特的特点，如果完全使用一套模式，将严重阻碍社会科学的发展。如国家自然科学基金面上项目资助金额为八十万元，国家社会科学基金一般项目资助金额为二十万元，部分高校以资助经费金额作为成果奖励的标准，那么以此为标准，获得一项国家自然科学基金面上项目得到的奖励将是获得国家社会科学基金一般项目的四倍。然而从项目级别、项目获取难易程度、项目研究所需要的周期和投入等方面看，两者是等同的，此种奖励方式是不科学的。再比如，部分高校的科研管理体系将国家基金（不区分自然和社科）分为两个等级：面上项目（一般项目）、青年项目，在各类考核、评审、遴选等方面予以区别对待。从国家自然科学基金方面看，由于面上项目和青年项目资助额度相差较大，项目立项难易程度也有区别，适用这种管理模式没有问题。然而从国家社会科学基金方面看，其青年项目资助额度、评审流程等与一般项目是相同的，因此在科研管理体系中不宜区别对待。这种管理体系没有充分考虑到国家社会科学基金与国家自然科学基金的区别。这种自然科学和社会科学混同的管理体系，不仅阻碍了高校人文社会科学的发展，也阻碍了高校整体管理水平的提升。

（二）人文关怀不足

现阶段，高校的科研管理仍然没有摆脱机械式的管理模式，没有深入贯彻"以人为本"的理念。因为人文社科研究的特殊性，其成果的产出是一个长期的、厚积薄发的过程，这就要求人文社科研究人员以"十年磨一剑"的精神专注于自己的研究领域。然而现阶段高校人文社科科研管理工作普遍存在急功近利，重数量、轻质量的现象，管理者过多地关注获取了多少项目、产出了多少论文、增加了多少经费，而忽略了科研过程本身，忽略了学术环境的营造，忽视了人文社会科学研究的规律。这种管理理念导致高校形成了人文社科研究浮躁的学术氛围，虽然产出成果数量多，但是高质量研究成果有限。

（三）管理体制不健全

高校人文社科科研管理体制目前存在较为僵化的局面，有待于进一步完善，主要体现在以下几个方面：

（1）管理职责划分不明确。现阶段，我国高校科研管理仍然大多采用校、院、系三级垂直管理体制，这种管理体制一般采用"上传下达"的管理模式，属于"被动式"的管理。一方面，高校在二级学院和研究机构中普遍设有专门的科研管理科室和专职人员，校级科研管理部门对各学院、研究机构的科研工作直接管理，而二级单位在进行科研管理时欠缺主动性和积极性，不利于高校科研管理工作的开展。另一方面，校级人文社科科研管理职能过于分散，部分高校虽设有专门的人文社科科研管理机构，但是人文社科科研管理职能分散在多个部门。例如，燕山大学设有社会科学处，但是社科类的横向课题、科研校企合作等管理职责归属于科技产业促进中心；纵向课题方面，科技厅、科技局、科学技术协会等部门的项目管理归属于科学技术研究院。

（2）经费管理不规范。人文社会科学无论是在社科项目还是智库平台方面，获取的经费资助数额远远低于理工类的科学研究。虽然近年来各高校对于科研经费的使用进行了严格的要求并且制定了规范的审批和使用程序，但是人文社科科研经费方面仍存在使用不规范、审计监管不严格、科研经费滥用等问题。人文社科科研经费管理不规范会造成资产的流失，产生严重的社会影响。

（3）评价体系不科学。在科研管理中，考核评价体系是极其重要的一个环节。人文社会科学评价体系的误区主要有以下几个方面：一是在人文社会科学的考核评价体系中，套用自然科学评价体系的现象仍然普遍存在，没有充分考虑人文社会科学研究的特殊规律，没有形成区别于自然科学研究的评价体系。二是评价目标急功近利。以数字指标为核心的评价体系是高校提升科研能力的重要手段，评价标准简单追求成果数量而忽略了成果质量，使得高校形成了浮躁的学术氛围，人文社科研究人员被利益驱使，不能潜心科研。三是评价标准单一，忽视了学科之间的差异。人文社会科学不光有异于自然科学，同时在人文学科和社会学科之间也存在着很多差异。人文社科的成果表现形式丰富，单一的评价标准不利于多学科的发展和科研质量的提高。

（四）协同创新意识淡薄

高校人文社科科研管理普遍缺乏协同创新意识，严重阻碍了人文社科的守正创新。现阶段，人文社科研究的发展急需跨学科研究，强调文文融合、文理融合，这就需要各学科之间、院系之间、高校与高校之间、高校与政府以及企业等进行交流协同。只有开展丰富的协同交流活动，激发研究人员的创新意识，才能驱动创新。目前，人文社科科研管理部门大多简单地开展管理工作，而对跨学科发展谋划不足，限制了人文社科研究人员解决复杂问题的能力。

第四节 高校人文社科科研管理机制创新若干问题探索

加强人文社科建设，作为构建高质量科技创新体系、提高原始创新和科技成果转化能力的一项重要内容，对于推动高校人文社科的发展具有十分重要的意义。人文社科科研管理水平的提升是加强高校人文社科建设的重要方面。鉴于现阶段我国高校人文社科科研管理工作仍然存在许多问题，本节将对高校人文社科科研管理机制创新的一些重点问题进行路径探索。

一、转变人文社科科研管理理念

（一）提高对人文社科研究的重视

高校应当从学校层面加强对人文社科研究工作的重视，将人文社科科研工作纳入高校建设发展的重要任务之中。高校应当广泛宣传人文社科研究的价值和重要意义，在学科建设、经费投入、配套设施等方面加大支持力度。

在管理机构的设置上，应由有人文社科专业背景的校领导主管人文社科科研管理工作，设立单独的人文社科科研管理部门，对全校人文社科事业发展进行统筹规划和管理。在管理模式上，要根据人文社会科学的特点，制定和执行区别于自然科学科研管理的体系和方法，以适应人文社科研究的规律，保障高水平科研成果的产出。

（二）明确人文社科发展目标

明确人文社科发展目标，有助于高校系统地推进人文社科的建设和发展。高校要立足本校实际情况，结合自身发展和优势特色，制定符合实际的人文社科发展战略目标，将人文社会科学建设摆在同自然科学建设同等重要的位置。高校应明确人文社科在学校整体学科布局中的定位，强调其在人才培养、科学研究和社会服务等方面的重要作用，服务国家重大战略和地方经济社会发展。

（三）坚持"以人为本"的管理理念

人文社科的发展需要更多的人文关怀，需要在管理过程中更多地贯彻"以人为本"的管理理念。人文社科科研管理需要从以下几个方面为研究人员营造良好的、宽松的、彰显人文特色的研究环境：从实际出发，根据不同的学科领域、针对不同的人群和个性特点等，充分理解和尊重人文社科研究人员的需求，提高服务意识。营造潜心科研的学术氛围。在日常管理中，正确处理好人文社科研究人员各方面利益关系，提高科研人员创新的积极性，让科研人员专注于学术研究。从被动式管理转为主动式服务。高校人文社科科研管理不应当是简单的"上传下达"的机械化管理模式，应当在管理工作中化被动为主动，制定具有预期性和前瞻性的科研管理政策，通过有组织的科研管理，引导社科研究人员的科研方向，对有关人文社科科研的国家政策、国内外形势和研究前沿动态等进行及时主动的学习和分析，并将其内化为指导高校人文社科科研管理实践工作的动力。人文社科科研管理人员要提升自身专业水平、转变工作作风，不能以"管理者"身份自居，要更多地思考如何在工作中为人文社科科研人员进行专业化的服务。

二、建立完善的人文社科科研管理体系

(一) 完善人文社科科研管理组织结构

科研管理的组织结构直接影响着科研管理工作的效率。现阶段,高校人文社科科研管理组织结构大多采用传统的直线型模式。随着科学技术和人文社会科学的飞速发展,高校科研管理的对象越来越复杂,工作内容越来越繁多,层层领导的纵向传统组织结构应当向矩阵式的组织结构转变。(1) 高校需要完善自身整体的组织结构模式,由高层直接领导组织模式改革,进而推动人文社科科研管理组织结构的调整;(2) 要深入结合高校人文社科发展实际,作出恰当的分析和规划,以建立符合自身特色的人文社科科研管理组织模式;(3) 在矩阵式组织结构下,要对学校、学院和研究团队的职责权限进行清晰的界定和划分,避免出现责任不清的问题;(4) 要通过减少中间层级,加快信息传递速度,赋予基层单位更多的决策权和资源;(5) 要充分运用信息化和新媒体手段,建立完善的信息管理系统,建立信息共享平台,使成员和上下部门之间高效沟通。

(二) 完善分类管理体系

人文社科科研管理工作众多而繁杂,不能对各类项目、成果不加以区分而使用统一的一套管理体系。要根据不同科研管理对象的特点,制定科学的分类管理体系。(1) 在项目管理方面,社科类纵向项目种类众多,项目主管部门范围广泛,每一类别的项目都有不同的管理要求,科研管理部门应当梳理各项目的申报、研究过程、结题流程和要求,根据主管部门、项目管理要求等对项目进行分类,按照其特点总结规律,应用到项目管理实践中去。(2) 在成果管理方面,要根据成果类别、学科性质等制定相应的管理体系。例如,管理学科较其他人文社会学科更容易发表 SCI 和核心论文。在成果考核评价中应当充分考虑学科性质的不同,设置不同的考核指标;同时,不同的学科产出的成果差异性很大,管理部门要充分研究这些差异,制定科学合理的成果管理体系。

（三）创新人文社科科研评价体系

创新成为当前人文社会科学研究的关键所在，如何制定科学合理的评价体系，更好地调动创新要素、激发创新活力、营造创新环境，是当前高校人文社科科研管理工作的重点。首先，人文社科科研的评价要遵循人文社科研究的规律，要在人文社科科研评价领域"破五唯"；探索科学的分类评价、定量与定性相结合的评价方式；考虑人文社科研究成果的多样性，将决策咨询成果、优秀网络成果、文艺创作作品、体育特色成果等纳入考核评价体系。其次，要调整评价标准，根据不同的学科和评价客体，建立分类评价的体系；充分考虑学科特点、成果特点和人员特点，以质为先，以激励为主；最后，改变"结果导向"的评价方式，强调"过程导向"，提升人文社科科研人员的创新能力。

（四）加强科研诚信建设

科研诚信是科学研究的基石。无论是自然科学还是人文社会科学的研究，都要守住科研诚信这一底线。现阶段，由于高校追求快速发展的目标，导致学术界存在以利益为导向、浮躁的学术氛围，产生了众多科研诚信问题。随着近年来国家对科研诚信建设的重视程度逐渐提升，高校在加强科研诚信建设方面也作了许多努力，学术风气有所改善；但是科研诚信建设不是一蹴而就的，需要建立长效机制，改变科学研究追名逐利的风气，在这一过程中，科研管理工作任重而道远。目前，我国高校的人文社科研究存在诸多不良风气，科研失信行为多有出现，而对其惩戒力度却有限。高校人文社科科研管理部门应加强宣传机制、惩戒机制的建设和完善，为人文社会科学研究提供良好的环境保障。

三、加强人文社科科研管理队伍建设

高校科研管理队伍是高等院校科研工作的组织者，为科研活动提供指导和服务。人文社科科研管理队伍的专业化建设，对高校人文社科的建设发展起到重要的作用。

（一）加强专业培训，提高管理人员工作素养

科研管理工作不是单纯的行政工作，科研管理人员除了要具备行政办公人员的基本工作素养之外，还应全面掌握国家相关政策、科研发展趋势、学校整体规划、所管理工作的内容特点、相关学科知识等。人文社科科研管理专业培训能够帮助人文社科科研管理人员提升业务水平、学习办公行政知识、了解相关政策规定、及时更新咨询信息。高校应当对人文社科科研管理人员进行多种形式的培训：通过校内培训，达到校内科研管理人员相互交流的目的；积极组织管理者外出学习，参加专门的能力提升培训班，为科研管理人员创造宽松的进修环境，提高学历层次。

（二）优化管理队伍结构和人员配置

要想实现人文社科科研管理工作的高效运行和持续发展，就必须建立一个科学合理的管理团队，同时优化机构设置和人员结构。在机构设置方面，要根据学校现有人文社科科研发展实际情况，设置相应的处室、科室，配备专职人员。在人员结构上，要根据职能及实际工作需要，合理安排人员，在年龄结构、专业背景、技术职务等方面优化配置，构建一支取长补短、有活力、有担当、能作为的管理团队。同时，也要注意提高管理团队的稳定性。在人才引入机制方面，要多方面考量新人的综合素质，考查其是否能够承担科研管理部门相对繁重、复杂的工作任务，上岗前做好工作培训。此外，人文社科科研管理人员应当专职化，无论是学校层面的管理队伍还是二级学院的科研秘书，都应当任用专职人员，避免由教师兼任，以便于更好地开展专业化的管理与服务工作。

（三）加强科研管理人员间的沟通交流

加强科研管理人员间的沟通与交流，能够达到相互学习、借鉴经验、取长补短、激发创新等效果，有利于提升科研管理队伍的整体水平。一是加强校际的沟通交流。应搭建更多的交流平台，学校之间互相学习借鉴人文社科

科研管理经验，使管理人员在交流学习中促进专业化素养的提升。二是加强人文社会科学与自然科学管理人员间的交流。人文社会科学和自然科学的科研管理工作存在着诸多相同相通之处，二者都是高校科学研究的重要组成部分，科研管理人员相互交流、沟通协作，能够有效推进学校科研管理工作。三是加强校级管理人员与二级单位科研秘书间的沟通交流。校级层面多听取学院基层单位管理者的意见和建议，基层科研秘书能够反映广大教师的需求，帮助学校科研管理者掌握学院特点；同时，通过沟通交流，单位科研秘书也能了解上级政策和管理内容。

（四）完善人文社科科研管理人员考核评价机制

建立合理的考核评价机制，能够更好地激发人文社科科研管理人员的工作热情，提升其工作积极性。考评机制的制定要结合人文社科科研管理工作的实际特点，做到全方位考核、多角度评价，客观公正地反映管理人员的工作实绩。对于考核结果优秀的人员，实行物质与精神双重奖励；对于考核结果不理想的人员，要及时反馈考核信息，进行沟通谈话，帮助其克服工作中的困难。以考核机制促成管理部门人员间齐头奋进的工作作风。同时，可将考核结果作为职称评定、年度岗位考核、绩效考核等方面的重要指标和依据，切实提高人文社科科研管理人员工作主动性与积极性，激发科研管理队伍内在活力。

四、加强新型智库建设

加强中国特色新型智库建设，是以习近平同志为核心的党中央立足新时代党和国家事业发展全局，着眼改革发展聚智聚力而作出的一项重大决策。高校智库是我国智库体系中的重要力量，高校的新型智库建设是人文社科科研管理工作中必不可少的重要环节。

（一）创新高校智库体制机制建设

1. 始终坚持正确的政治方向

高校智库建设必须始终坚持正确的政治方向，旗帜鲜明地坚持党对智库的领导。要以马克思主义基本原理和党的创新理论为指导，始终坚持以人民为中心，这是推进智库体制机制创新建设必须遵守的根本原则。

2. 建立多方位协同体系

推进高校智库体制机制建设，需要健全多学科的智库体系，使得文、理、工各个学科都参与到高校智库研究中来。要促进高校智库与各个领域的交流融合，建立政府部门工作人员、专家学者、社会组织、学生等多元主体协同参与机制，广泛开展决策咨询活动和交流融通活动，激发创新活力。要建立高校科研平台、交流平台和传播平台的共建共享机制，发挥好报纸期刊的重要作用，举办论坛讲座等学术交流活动，建立并运用好新媒体平台，发挥好各类平台间的相互促进作用。

3. 加强与决策部门间的对接机制

要完善高校智库与决策部门间的对接机制，建立决策部门指导高校智库研究的长效合作机制，使智库能够参与到政府意见征询、方案论证、政策解读、舆论引导等多个方面，形成与决策部门间的良性互动，产出符合发展需求、契合决策部门实际需要的智库成果。

4. 建立健全智库运行的保障机制

高校智库的有序运行和良好运转离不开有效的保障机制。首先，要建立健全高校智库的组织管理机制，做好智库发展的规划工作。其次，要强化高校智库学术委员会和理事会的运行机制，充分发挥学术作用。再次，要加大经费保障力度，积极拓宽资金支持渠道，完善资金的支持、使用、配套机制。最后，要不断完善智库的激励机制，根据研究工作量、成果层次，逐步完善智库研究人员的绩效激励、成果奖励、职称职级倾斜等相关政策，从而激发创新活力。

（二）大力推进智库人才队伍建设

1. 拓展人才选用途径和任用方式

高校智库人才的选用应考虑更加多元化的形式，将政府部门人员、企业工作人员、优秀的研究生等均吸纳为智库的成员。在人员任用方面，除智库中正式的研究人员外，还可以采取长期聘用与短期访问相结合的方式，使一些兼职人员参与到智库的研究工作中，保障人才结构的科学与合理配置。

2. 拓宽人才交流渠道

健全高校智库的人才交流机制，建立政产学研智库人才流通体系，为智库持续注入新鲜血液，提高创新效率，更好地产出推动经济社会发展的智库成果。一是要加强高校智库人员同决策部门之间的交流，党政部门和高校智库要建立稳定的双向人才交流机制。二是要促进国内外智库人才的交流与合作，完善智库国际交流机制，鼓励中国学者"走出去"和将国际知名学者"请进来"。

3. 优化人才成长环境

完善高校智库人才的考核评价标准和激励机制。针对智库研究人员，高校要建立一套特殊的评价体系，在职称评定和任用选拔时，增加咨政报告、政策建议等智库成果所占的权重，调动智库研究人员的积极性。同时，高水平的智库成果大多是团队成员共同努力的结果，在人才评价时应当考虑对团队的整体评价，根据参与研究人员的实际贡献进行考核和奖励，鼓励集体成果的产出，鼓励研究人员积极主动加入研究团队中来。

4. 着力培养智库人才

建设符合新时代发展要求的高校智库，需要着力培养智库人才，培养其具有过硬的专业能力和较强的综合素质，并具备国际化的视野。首先，高校智库可以在本校学生中挖掘人才并加以培养，使学生参与到智库研究中来，为智库培养和储备后续力量。其次，要加大专业教育培训力度，通过学习及时跟紧党的理论创新步伐。再次，要注重培养跨学科智库人才。因党政部门政策涉及政治、经济、文史、科技、教育等各个领域，因此要重视培养具备多元文化和多学科背景的复合型智库人才。

第四章 高校科研诚信建设概述

科研诚信是学术发展的基石,是科学创新的底色。习近平总书记在全国科技创新大会、两院院士大会、中国科协第九次全国代表大会上指出,要营造良好的学术环境,弘扬学术道德和科研伦理。"科研诚信"在当前科技界、学术界、教育界等领域备受关注。近年来,从国家、部委到地方出台了多项政策强调科研诚信建设,社会上也屡屡出现各种科研诚信案件。高校是科学研究的主要阵地,高校的科研诚信建设工作不容忽视。

第一节 科研诚信的相关概念和政策背景

一、科研诚信的概念

(一)国外关于科研诚信概念的界定

国外对于科研诚信的研究起步较早,早期学者主要从科研规范概念的角度来界定科研诚信。早在1918年,马克斯·韦伯就提出了科学规范的概念。罗伯特·金·默顿首先定义了科学规范。

科研诚信，用英文表述为 research integrity，源自拉丁文 integer 和 integritas 两个词，意味着完整性、正直和诚实。科研诚信的定义最早起源于美国。20 世纪 80 年代，美国接连发生多起著名的学术不端事件，引起了广泛关注，造成了十分恶劣的社会影响。为了预防科研不端行为，美国的政府部门、研究机构等开始对科研诚信问题加以关注，并对其概念进行了界定。美国科研诚信办公室将其定义为："科研诚信为在申报、开展或评审科研项目过程中，应用诚实、可验证的方法，提交的科研成果报告应遵守相关的规章、条例、准则和公认的职业规范或标准。"美国医学科学院和美国科学三院国家科研委员会在《科研道德：倡导负责行为》中指出："科研诚信是指在科研活动这一特定情况下的道德原则的坚定性。"美国学术诚信研究中心将其定义为："学术诚信就是即使面临逆境，仍会坚持诚实、信任、公平、尊重和责任这五项根本性的价值观。"

近年来，随着国际社会越来越多地曝光关于科研诚信的案件，科研诚信问题得到了国际的广泛关注。在此背景下，2007 年 9 月，欧洲科学基金会和美国科研诚信办公室联合举办的首届世界科研诚信大会在葡萄牙首都里斯本召开。大会讨论提出了科研诚信包含四个层面的问题：（1）研究中的不端行为（捏造、篡改和剽窃）和有问题的研究行为；（2）违反有关生命伦理的科研规章制度和行为指南；（3）科研中的利益（包括经济、政治、军事等）冲突；（4）科研机构的使命、责任和作用。此次会议之后，各个国家开始系统地开展有关科研诚信的研究。

（二）我国关于科研诚信概念的界定

科研诚信，字面意思理解为在科学研究中要秉持诚实、公正、负责任的态度和原则。在我国，关于"诚信"这一理念存续已久、源远流长，诚信一直是中华民族优秀的传统美德，是儒家思想的重要内容之一。

我国对科研诚信的关注始于 20 世纪 80—90 年代，由于当时的科研诚信案件广泛受到关注，国家开始成立相关的专门机构。1990 年以后，各部门相继出台了制度文件，对科研诚信建设工作加以重视。在我国早期出台的制度文件中，并没有一开始就采用"科研诚信"这一概念，而是运用与之相近的名词，如学术道德、学术诚信、科学道德等。"科研诚信"这一名词最早出现在 2006 年科技部出台的《国家科技计划实施中科研不端行为处理办法（试行）》中，但在此文件中，"科研诚信"只是作为一个普通名词被提及，未被加以定义。2009 年，科技部、教育部、财政部等联合发布了《关于加强我国科研诚信建设的意见》，首次对"科研诚信"这一概念作了具体阐释。文件指出："科研诚信主要指科技人员在科技活动中弘扬以追求真理、实事求是、崇尚创新、开放协作为核心的科学精神，遵守相关法律法规，恪守科学道德准则，遵循科学共同体公认的行为规范。"由科技部科研诚信建设办公室编写的《科研诚信知识读本》一书中提出："科研诚信也称为科学诚信或学术诚信，指科研工作者要实事求是、不欺骗、不弄虚作假，还要恪守科学价值准则、科学精神以及科学活动的行为规范。"

二、学术不端的概念

1992 年，由美国国家科学院、国家工程院和国家医学院组成的 22 位科学家小组给出的学术不端行为的定义为：在申请课题、实施研究和报告结果的过程中出现的伪造、篡改或抄袭行为。在这一定义之下，学术不端被限定为"伪造、篡改、抄袭"三种行为方式。

在 2006 年科技部出台的《国家科技计划实施中科研不端行为处理办法（试行）》中，将学术不端定义为"违反科学共同体公认的科研行为准则的行为"。随后，随着对科研诚信建设的重视程度逐渐提升，国家和各级部门纷纷出台了相关政策文件。这些政策文件对学术不端行为多有界定，不同的文件对其行为界定范围有所不同，表 4-1 列举了一些代表性界定。值得一提的是，2019 年，科技部、中宣部等 20 个部门联合发布了《科研诚信案件调查处理规则（试行）》。在这一文件中转变了以往对于"学术不端行为"的描述，首次提出了"科研失信行为"，即在科学研究及相关活动中发生的违反科学研究行为准则与规范的行为。2022 年，为了进一步规范科研失信行为调查处理工作，科技部会同科研诚信建设联席会议成员单位对《科研诚信案件调查处理规则（试行）》进行了修订，修订后的《科研失信行为调查处理规则》由科技部、中宣部等 22 个部门联合印发。

表 4-1 相关文件对学术不端行为的界定

文件	用词	定义
科技部等 22 个部门《科研失信行为调查处理规则》	科研失信行为	本规则所称的科研失信行为是指在科学研究及相关活动中发生的违反科学研究行为准则与规范的行为，包括： （一）抄袭剽窃、侵占他人研究成果或项目申请书； （二）编造研究过程、伪造研究成果，买卖实验研究数据，伪造、篡改实验研究数据、图表、结论、检测报告或用户使用报告等； （三）买卖、代写、代投论文或项目申报验收材料等，虚构同行评议专家及评议意见； （四）以故意提供虚假信息等弄虚作假的方式或采取请托、贿赂、利益交换等不正当手段获得科研活动审批，获取科技计划（专项、基金等）项目、科研经费、奖励、荣誉、职务职称等； （五）以弄虚作假方式获得科技伦理审查批准，或伪造、篡改科技伦理审查批准文件等； （六）无实质学术贡献署名等违反论文、奖励、专利等署名规范的行为； （七）重复发表，引用与论文内容无关的文献，要求作者非必要地引用特定文献等违反学术出版规范的行为； （八）其他科研失信行为。 本规则所称抄袭剽窃、伪造、篡改、重复发表等行为按照学术出版规范及相关行业标准认定。
中宣部等 7 个部门《哲学社会科学科研诚信建设实施办法》	违背科研诚信行为	在科研及相关活动中有下列情况的，应当认定为违背科研诚信行为： （一）抄袭、剽窃、侵占他人研究成果； （二）伪造科研数据、资料、文献、注释，或者捏造事实、编造虚假研究成果； （三）违反署名规范，未参加研究或创作而在研究成果、学术论文上署名，未经他人许可而不当使用他人署名，虚构合作者共同署名，或者多人共同完成研究而在成果中未注明他人工作、贡献； （四）采取弄虚作假、贿赂、利益交换等方式获取项目、经费、职务职称、奖励、荣誉等； （五）故意重复发表论文； （六）买卖论文、由他人代写或者为他人代写论文； （七）虚构同行评议专家及评议意见； （八）利用管理、咨询、评价专家等身份或职务便利，在科研活动中为他人谋取利益； （九）其他违背科研诚信的行为。
教育部《高等学校预防与处理学术不端行为办法》	学术不端行为	经调查，确认被举报人在科学研究及相关活动中有下列行为之一的，应当认定为构成学术不端行为： （一）剽窃、抄袭、侵占他人学术成果； （二）篡改他人研究成果； （三）伪造科研数据、资料、文献、注释，或者捏造事实、编造虚假研究成果；

（续表）

文件	用词	定义
教育部《高等学校预防与处理学术不端行为办法》	学术不端行为	（四）未参加研究或创作而在研究成果、学术论文上署名，未经他人许可而不当使用他人署名，虚构合作者共同署名，或者多人共同完成研究而在成果中未注明他人工作、贡献； （五）在申报课题、成果、奖励和职务评审评定、申请学位等过程中提供虚假学术信息； （六）买卖论文、由他人代写或者为他人代写论文； （七）其他根据高等学校或者有关学术组织、相关科研管理机构制定的规则，属于学术不端的行为。
国家新闻出版署《学术出版规范——期刊学术不端行为界定（CY/T 174—2019）》	学术不端行为	（一）剽窃：采用不当手段，窃取他人的观点、数据、图像、研究方法、文字表述等，并以自己名义发表的行为。 （二）伪造：编造或虚构数据、事实的行为。 （三）篡改：故意修改数据和事实使其失去真实性的行为。 （四）不当署名：与对论文实际贡献不符的署名或作者排序行为。 （五）一稿多投：将同一篇论文或只有微小差别的多篇论文投给两个及以上期刊，或者在约定期限内再转投其他期刊的行为。 （六）重复发表：在未说明的情况下重复发表自己（或自己作为作者之一）已经发表文献中内容的行为。 （七）违背研究伦理：论文涉及的研究未按规定获得伦理审批，或者超出伦理审批许可范围，或者违背研究伦理规范，应界定为违背研究伦理。 （八）其他学术不端行为：包括在参考文献中加入实际未参考过的文献等12种行为。
中国科协等7个部门《发表学术论文"五不准"》	发表学术论文"五不准"	"五不准"包括不准由"第三方"代写论文，不准由"第三方"代投论文，不准由"第三方"对论文内容进行修改，不准提供虚假同行评审人信息，不准违反论文署名规范。

三、科研诚信建设的政策梳理

我国大概从20世纪80年代左右开始关注科研诚信问题。在2000年之前，关于科研诚信内容的相关政策较少。进入21世纪，关于科研诚信的问题得到越来越多的重视。特别是2018年以后，中共中央、国务院，中宣部、科技部、教育部，以及各地方党委政府等先后发布政策文件，进一步强调和规范了科研诚信建设工作，将科研诚信建设提升到了新的高度。表 4-2 对 2000 年以来我国国家及各部委、部门出台的有关科研诚信建设的主要文件进行列举。

表 4-2 有关科研诚信建设的主要文件

文件名称	时间	发文机构
对科学基金资助工作中不端行为的处理办法（试行）	2005 年	国家自然科学基金委员会监督委员会
国家科技计划实施中科研不端行为处理办法（试行）	2006 年	科技部
科技工作者科学道德规范（试行）	2007 年	中国科协
关于加强科研行为规范建设的意见	2007 年	中国科学院
关于加强我国科研诚信建设的意见	2009 年	科技部、教育部、财政部、人力资源和社会保障部、卫生部、解放军总装备部、中国科学院、中国工程院、国家自然科学基金委员会、中国科学技术协会
关于严肃处理高等学校学术不端行为的通知	2009 年	教育部
关于进一步规范高校科研行为的意见	2012 年	教育部
国家自然科学基金项目科研不端行为处理办法（草案）	2014 年	国家自然科学基金委员会
发表学术论文"五不准"	2015 年	中国科协、教育部、科技部、卫生计生委、中科院、工程院、自然科学基金会
高等学校预防与处理学术不端行为办法	2016 年	教育部
国家科技计划（专项、基金等）严重失信行为记录暂行规定	2016 年	科技部、国家发展改革委、教育部、工业和信息化部、财政部、农业部、人力资源社会保障部、国家卫生计生委、新闻出版广电总局、中科院、社科院、工程院、自然科学基金会、中国科协、中央军委装备发展部
关于加强行业科研诚信管理的通知	2018 年	国家烟草专卖局
关于进一步加强科研诚信建设的若干意见	2018 年	中共中央办公厅、国务院办公厅
关于在学术论文署名中常见问题或错误的诚信提醒	2018 年	中国科学院科研道德委员会

(续表)

文件名称	时间	发文机构
关于对科研领域相关失信责任主体实施联合惩戒的合作备忘录	2018年	国家发展改革委、人民银行、科技部、中央组织部、中央宣传部、中央编办、中央文明办、中央网信办、最高法院、最高检察院、中央军委装备发展部、中央军委科学技术委员会、教育部、工业和信息化部、公安部、财政部、人力资源社会保障部、自然资源部、住房城乡建设部、交通运输部、水利部、农业农村部、商务部、卫生健康委、国资委、海关总署、税务总局、市场监管总局、广电总局、中科院、社科院、工程院、银保监会、证监会、自然科学基金会、民航局、全国总工会、共青团中央、全国妇联、中国科协、铁路总公司
关于进一步弘扬科学家精神加强作风和学风建设的意见	2019年	中共中央办公厅、国务院办公厅
科研诚信案件调查处理规则（试行）	2019年	科技部、中央宣传部、最高人民法院、最高人民检察院、国家发展改革委、教育部、工业和信息化部、公安部、财政部、人力资源社会保障部、农业农村部、国家卫生健康委、国家市场监管总局、中科院、社科院、工程院、自然科学基金委、中国科协、中央军委装备发展部、中央军委科技委
学术出版规范——期刊学术不端行为界定（CV/T 174—2019）	2019年	国家新闻出版署
哲学社会科学科研诚信建设实施办法	2019年	中宣部、教育部、科技部、中共中央党校（国家行政学院）、中国社会科学院、国务院发展研究中心、中央军委科学技术委员会
科学技术活动违规行为处理暂行规定	2020年	科技部
关于进一步压实国家科技计划（专项、基金等）任务承担单位科研作风学风和科研诚信主体责任的通知	2020年	科技部、自然科学基金委
国家自然科学基金项目科研不端行为调查处理办法	2020年	国家自然科学基金委员会

(续表)

文件名称	时间	发文机构
关于印发医学科研诚信和相关行为规范的通知	2021年	国家卫生健康委、科技部、国家中医药管理局
关于加强科技伦理治理的意见	2022年	中共中央办公厅、国务院办公厅
关于在科技奖励推荐过程中常见问题的诚信提醒	2022年	中国科学院科研道德委员会办公室
科研失信行为调查处理规则	2022年	科技部、中央宣传部、最高人民法院、最高人民检察院、国家发展改革委、教育部、工业和信息化部、公安部、财政部、人力资源社会保障部、农业农村部、国家卫生健康委、国务院国资委、市场监管总局、中科院、社科院、工程院、自然科学基金委、国防科工局、中国科协、中央军委装备发展部、中央军委科学技术委员会
科研诚信规范手册	2023年	国家自然科学基金委员会
科技伦理审查办法（试行）	2023年	科技部、教育部、工业和信息化部、农业农村部、国家卫生健康委、中国科学院、中国社科院、中国工程院、中国科协、中央军委科技委
关于加强高等学校科研诚信建设和学术不端治理的指导意见	2024年	教育部
高等学校学术不端行为调查处理实施细则	2024年	教育部

从时间上看，自2018年起，关于科研诚信建设内容的相关文件出台频率明显增加，每年均有多部重要文件出台。从发文级别上看，其中3个文件由中共中央办公厅、国务院办公厅联合发布，文件级别之高，在2018年之前的科研诚信政策中是从未有过的。无论是从近年来政策的数量上，还是从政策级别上，都体现了我国将科研诚信建设摆在了相当重要的位置。这些政策文件的出台，为我国的科研诚信建设提供了制度保障，为处理科研失信行为提供了重要依据，使得我国科研诚信建设有法可依。

第二节 高校科研诚信建设的重要意义

高校科研诚信建设是指高校在某一特定环境中，通过制度设计、教育引导、监督惩戒等多种手段，推动科研诚信理念和政策的深入贯彻，构建风清气正的科研环境的过程。高校作为科学研究的主要阵地，高校的科研人员是我国科研发展科技创新的主力军，因此高校科研诚信建设具有重要的意义，不仅关乎学术的客观性、纯洁性，更对整个国家的科技发展进步、良好社会环境构建产生深远的影响。

一、科研人员层面

1. 帮助科研人员树立正确的科研价值观

高校的科研诚信建设通过宣传教育和引导，帮助科研人员树立正确的科研价值观。真正的科学研究不仅仅追求成果突破、职称晋级、荣誉称号等外在的形式，更需要对科学精神的坚守和传承。现阶段，高校科研人员面对来自教学、科研、晋升等多方面的压力，使得其在科学研究中显得心浮气躁、急功近利。正确的科研价值观的树立能够让科研人员摒弃不劳而获、投机取巧的思想，在内在驱使下潜心科学研究，正视科学研究和科研成果，有效规范高校科研人员的科研行为。

2. 有助于提高科研水平，促进成果产出

科研诚信要求高校科研人员遵循科学规律和道德规范进行科研活动，这有助于提升科学研究的水平，促进高水平成果的产出。高校通过科研诚信建设，让研究人员都能够遵守科研诚信的原则进行科学研究，其产出的科研成果将更加客观与可靠。同时，科研诚信也能够提高科研人员的科研效率，当科研人员能够全身心地投入科学研究中去时，其成果产出效率将大大提高。

3. 保护科研人员的声誉和权益

高校科研诚信建设通过建立监督和惩戒机制措施，对学术不端行为进行严厉的处罚和处理，有效地保护科研人员的声誉。当科研人员遭遇到不公正待遇时，或其科研成果受到侵犯时，他们可以通过科研诚信体系来维护自身的合法权益，维护公平正义的科研环境。

4. 促进科研人员事业发展

在科学研究中，只有秉承诚信的研究态度，才能够探寻研究对象的本质和其发展规律，从而得出客观、正确和被社会认可的研究成果，帮助科研人员在相关领域取得一定成就。高校的科研诚信建设能够帮助高校科研人员养成良好的科研素质，为其科研事业的可持续发展提供内在动力和保障。

二、学术发展层面

1. 保障学术研究的真实性和可靠性

科研诚信是学术研究的生命线，它要求科研人员在科研活动中遵循科学规律，坚持实事求是的原则，确保科研成果的真实性和可靠性。这种真实性和可靠性是科研成果被社会广泛接受和应用的前提，也是推动科技进步和创新的重要基础。在高校中强化科研诚信建设，对研究人员的科研行为加以规范，能够确保学术研究的真实性与可靠性。

2. 防止出现学术资源浪费现象

科研腐败和学术不端行为会导致科学资源的不必要浪费，严重阻碍科技的发展，影响科研成果的转化效率。加强高校科研诚信建设，可有效减少科研腐败现象和学术不端行为的发生，确保科研资源得到高效合理的分配和利用，使学术资源能够真正运用于有价值的科学研究中。

3. 为科技创新提供动力

诚信的科研环境能够激发科研人员的创新热情，提高他们的创新能力和积极性，这种积极向上的氛围是推动科技创新不可或缺的重要因素。高校是科技创新的主要战场，在高校中对科研诚信建设常抓不懈，是科技创新源源不断的动力源泉。

三、高校发展层面

1. 提升高校科学研究整体水平

如前文所述,高校的科研诚信建设能够帮助科研人员提高科研水平,促进成果产出。高校拥有众多的研究人员,通过科研诚信建设,研究人员遵守科研诚信规则,既提升了自身的科研能力,同时通过个体带动整体发展,形成良好的学术氛围,促进高校整体科研能力的提升。

2. 提升高校在学术界的声誉和公信力

高校作为科学研究的重要阵地,其在学术界的声誉和公信力直接关系到高校的整体形象。科研诚信建设能够有效遏制学术不端行为的发生,维护高校风清气正的科研环境,可以帮助高校提升在学术界的声誉和公信力。高校良好的声誉和口碑,是学校在招生、学生就业、人才引进等方面的重要影响因素,对于推动高校建设发展具有重要的意义。

3. 促进学术交流

科研诚信能够帮助高校形成畅通的科研合作和交流机制。若高校具有完备的科研诚信管理体制,师生都能遵守诚信原则进行科学研究工作,那么研究人员之间的合作将更加顺畅,并能够有更高的科研效率。诚信的科研环境能够带来更多的外部合作机会。通过内部和外部更多的学术交流,形成活跃的学术氛围,提升学术影响力和竞争力。

4. 提升人才培养质量

高校是培养人才的重要摇篮。科研诚信建设有助于培养学生正确的价值观和道德观,引导他们培养正确的科研态度和科研精神。通过加强科研诚信教育和实践,高校可以培养学生的科学精神和道德素质,帮助其形成正确的人生观、价值观。这一培养过程不仅提升了学生的专业素养和科研能力,更重要的是塑造了他们的科研道德和职业操守,为培养高素质人才奠定了坚实的基础。

5. 强化社会服务作用

高校是社会的重要组成部分,承担着社会服务的重要职能。科研诚信有助于提升高校的社会服务功能,推动高校与社会各界加强交流与合作。通过加强科研诚信建设，高校可以更加积极地参与到与地方政府、企事业单位等的交流合作中去，更好地服务于经济社会发展。

四、国家和社会层面

1. 提升国家科技竞争力和国际影响力

在全球化背景下，科技能力和创新能力是国家整体竞争力提升的重要方面。高校科研诚信建设能够确保科研成果的真实性和可靠性，激发创新活力，这些都是国家科技竞争力提升的重要基础。只有基于真实可靠的科研成果，我国才能在科技领域取得真正的突破和进步，从而提升在国际范围内的科技竞争力和话语权，推动我国科研事业快速发展和国际影响力的提升。

2. 维护国家学术声誉和科技形象

高校的科研诚信建设有助于提升我国在国际科技领域的声誉和地位。恶劣的学术不端案件会直接影响到国家的科技形象，乃至影响我国在国际社会的整体形象。近年来，我国学者在国际期刊上的论文撤稿事件频发，严重影响了我国的学术声誉和科技形象。在这些学者中，高校科研人员占了很大部分。高校科研诚信建设的加强能够有效防范和避免此类事件的发生。

3. 有助于加强国际科研交流与合作

科研诚信建设能够维护国家良好的学术声誉和科技形象，这对于推动国际科研交流合作具有重要的作用。全球化背景下，知识的交流与共享，能够激发出更多的创新思想，从而推动整体的科技进步；同时，也有助于吸引更多的国际科研资源和人才向我国聚集，推动我国科技事业的快速发展和国际影响力的不断提升。

4. 推动社会诚信体系建设

高校科研诚信建设作为社会诚信体系建设的重要组成部分，对于推动整个社会的诚信环境改善具有重要的意义。高校作为社会的知识高地和道德高地，其科研诚信建设能够发挥示范引领作用，带动社会各界的诚信建设。这种正能量的传递和扩散有助于形成全社会共同遵守诚信原则的良好氛围。当高校科研人员都能坚守科研诚信原则，他们不仅为学术界树立了榜样，也为社会各界提供了可借鉴的诚信标准。高校的科研人员一般都承担着教学任务，他们的言传身教，不仅培养了学生的专业能力，更能够影响和塑造他们的诚信意识，形成良好的品格，使学生毕业后能够成为社会诚信体系建设的主力军。

第三节 高校科研诚信的影响因素

近年来，在国家倡导科技创新和经济全球化的背景下，我国的科学研究能力得到了显著提升，同时在国际社会的影响力也越来越显著。随着科研实力的增强、科技成果的凸显，科研诚信问题也随之而来。对于高校而言，科研诚信的影响因素是多方面的，这些因素相互交织和作用，影响着高校的科研诚信。本节对高校科研诚信的主要影响因素进行探讨。

一、高校科研人员的个人因素

高校科研人员的个人因素对科研诚信具有重要的影响，直接关系到科研人员在进行科学研究过程中的行为选择和道德判断。

（一）道德修养与价值观念

高校科研人员的道德修养和价值观念是其进行科研行为的重要指导原则，直接关系到科研诚信建设的效果。道德修养和价值观念是内在的精神动力，能够使行为主体在工作、学习和生活中按照一定的道德标准来要求自己，在内在精神动力的推动下自觉自愿地按照道德规范行事。科研人员的道德修养和价值观念在科学研究中最直接的体现就是对科研诚信的践行和对学术道德的坚守。具有良好道德修养和正确价值观念的科研人员，必定会坚守学术道德底线，潜心科研，珍视其研究成果。反之，如果科研人员缺乏道德修养，或受到功利主义、个人主义等错误价值观的影响，那么其在科研活动中就很容易急功近利、心浮气躁，做出不诚信的科研行为。这种道德观念的缺失或扭曲会严重损害科研诚信的基石，对高校科研事业的健康发展造成不良影响。

（二）学术素养与自律能力

科研人员的学术素养和自律能力也是影响科研诚信的重要因素。学术素养包括科研人员对专业知识的掌握程度、研究方法的运用能力、科学研究的实践能力以及科学道德规范的遵守等。当科研人员在自身学术素养方面存在不足时，他的科学研究过程是不顺利的，当其科研活动受挫而研究人员又追求科研成果的产出时，就有可能导致在这个过程中无法严格遵守科研诚信要求，甚至会做出学术不端的行为。除此之外，科研人员的自律能力在科研诚信建设中也至关重要，它能够帮助科研人员在面对诱惑和压力时保持清醒的头脑，禁得住利益诱惑和外界压力，坚守科研诚信底线。

（三）科研与职业发展压力

高校的科研人员，其科学研究过程常常伴随着巨大的压力，这些压力主要表现在成果产出（如发表论文、出版专著）、职务或职称晋升、科研资助经费获取、成果业绩考评、突破性成果取得、教学与科研冲突、来自团队和负责人的工作要求、自身学习提高等等。这些压力如果不能得到有效缓解，就可能导致部分科研人员做出不诚信的行为以获取短期利益。例如，为了快速发表论文或申请到项目资金，一些科研人员可能会做出篡改数据、夸大成果或抄袭他人的研究成果等不诚信行为。这种行为虽然可能会带来短期的利益，但长期来看会严重损害科研人员的个人形象和职业发展前景。

（四）个人经历与背景

高校科研人员的个人经历和背景也可能对其科研诚信产生影响。同时，不同性别、不同年龄段以及拥有不同科研工作经历的科研人员也可能在科研诚信认识和科研制度执行上存在差异。例如，部分科研工作者不能在价值理念上对不规范的学术行为持有一种否定的态度。这些差异都需要在科研诚信建设中予以关注和引导。

二、高校科研制度因素

制度因素对于高校科研诚信来说也具有显著的影响。高校健全完善的科研管理制度能够有效促进科研诚信建设，而不完善的科研管理制度则有可能放纵科研失信行为的产生。

（一）科研评价制度

高校科研评价制度是影响科研诚信的重要因素之一。虽然现阶段国家倡导改革科研评价体系，破除"五唯"，但是目前我国大部分高校的科研评价制度仍然过于注重量化指标，如论文数量、项目承担数量、经费资助数额等，而忽视了科研成果本身的质量和实际贡献。这种评价导向容易导致科研人员为了追求短期利益而做出不诚信的行为，如数据造假、抄袭等。因此，完善高校科研评价制度，建立以质量和贡献为导向的评价体系，对于促进高校科研诚信具有重要意义。

（二）科研激励机制

高校科研激励机制也是影响科研诚信的关键因素。合理的激励机制能够激发科研人员的积极性和创造力，推动科研事业的健康发展；然而如果激励机制设计不当，过于强调物质奖励和短期成果，就有可能导致科研人员做出不诚信的行为以获取更多的利益。因此，建立健全高校科研激励机制、平衡物质奖励与精神激励、注重长期效益与短期成果的结合，是保障科研诚信的重要举措。

（三）科研管理与监督制度

科研管理与监督制度的完善程度直接影响科研诚信的落实效果。一个健全的科研管理制度应当包括对科研项目、科研成果、研究平台等各个科研环节的严格管理和监督。就科研项目而言，在项目申请、执行和项目结题的各个环节，都需要加强审查与监督，避免出现申请书不真实、成果造假等现象。严格的科研管理制度要确保每一个环节都符合规范。对于管理者而言，不是简单机械地向上级部门报送材料、向下级部门发放材料，而是要加强对各项材料的审查。严格的科研管理制度，能够有效遏制高校教师的不良思想。同时，通过完善的科研不端行为的查处机制和问责制度，对违反科研诚信的行为进行严厉打击和惩处，对高校科研人员的不良行为加以遏制和处罚，对高校其他研究人员进行警示教育，也能够有效地防止科研不诚信行为的发生，维护科研的纯洁性和权威性。

（四）科研诚信规范与教育

高校制定并推广科研诚信规范、加强科研诚信的宣传教育也是影响科研诚信的重要方面。通过制定明确的科研诚信规范和指南，为科研人员提供行为准则和道德指引；同时，加强科研诚信的宣传教育，提高和增强科研人员的道德素质和诚信意识，使其能够自觉遵守科研诚信规范并抵制不诚信的行为。

三、环境因素

环境因素也是影响科研诚信的重要方面。环境因素既包括高校内部环境，也包括社会整体环境。

（一）高校内部环境方面

高校的文化氛围对科研诚信具有重要影响。一个崇尚诚信、尊重原创、鼓励创新的科研环境能够激发科研人员的积极性和创造力，同时也有助于遏制不诚信行为的发生。相反，如果高校的整体科研环境充满功利主义、浮躁风气，就可能导致科研人员为了个人利益而采取不诚信的手段。除此之外，前文所述的制度因素也是高校内部环境的重要部分。

（二）社会整体环境方面

1. 社会诚信氛围

社会整体的诚信氛围对高校科研诚信具有重要影响。高校是社会的重要组成部分，当社会普遍崇尚诚信、尊重知识、尊重原创时，高校的科研人员容易受到这种氛围的感染和熏陶，从而在科研活动中自觉遵守科研诚信规范。

2. 政策法规环境

政府和相关机构制定的政策法规对科研诚信具有引导和规范作用。通过制定和完善相关法律法规，明确科研不诚信行为的法律责任和处罚措施，为高校制定相关的管理规范和惩罚措施提供了参考依据，有效遏制科研不诚信行为的发生。

3. 学术生态

学术生态的健康状况直接影响高校的科研诚信。高校是学术研究的重要阵地，高校的学术生态和整个社会的学术生态是相互联系、相互影响的。一个健康的学术生态应该鼓励原创性研究、尊重知识产权、倡导学术自由和公平竞争。在这样的学术生态中，科研人员更容易形成正确的科研道德观念和行为习惯。

4. 社会舆论与公众监督

社会舆论与公众监督对科研诚信具有重要影响。当科研不诚信行为被曝光并受到舆论谴责时，不仅会对相关科研人员的个人形象和声誉造成损害，还会对整个科研领域的信誉产生负面影响。因此，建立健全的社会监督机制，鼓励公众和媒体对科研活动进行监督和评价，是科研诚信的重要保障。

第四节 高校科研诚信建设的主要内容

高校的科研诚信建设是一项系统工程，它包括预防、管理、监督、教育、奖惩、保障等多个方面，这些方面相互配合、相互协调，构成了完整的高校科研诚信体系。本节对科研诚信建设的教育、奖惩、评价和监督四个主要内容进行介绍。

一、科研诚信教育

科研诚信教育是高校科研诚信建设的重要内容，旨在通过一定的教育手段和方法，促使受教育者认知、内化、形成和发展科研诚信品质。

（一）定义与内涵

科研诚信教育就是教育者依据有关科研诚信理论和规范，运用一定的教育手段和方法，对受教育者进行的教育活动，旨在培养其科研诚信品质。科研诚信教育是对科研诚信这一理念的传递和内化过程。教育者是高校科研诚信教育的主体，包括高校本身、科研管理部门、二级学院或研究机构、教师以及科研管理工作者等等。他们是科研诚信教育的主动方面，在教育过程中有着较强的能动性，承担着传授科研诚信知识和理念的重要任务。受教育者主要是高校中的科研人员以及学生等。他们通过接受科研诚信教育，形成科研诚信观念，规范科研行为。

（二）教育内容与目标

高校科研诚信教育的内容包括科研诚信的基本理论及法律法规、高校相关政策、科学道德准则以及科学共同体公认的行为规范等等。高校通过科研诚信教育，使高校的管理人员、科研人员、教师和学生了解科研诚信的重要性，掌握科研诚信的具体要求，培养他们自觉践行科研诚信的意识，使其能够在科学研究活动中自觉遵守科研诚信规范、弘扬科学精神、追求真理、实事求是、崇尚创新、开放协作。

（三）教育方式

高校科研诚信教育可以通过多种多样的方式方法进行。高校本身就承担着高等教育的职责，因此其开展科研诚信教育的载体较丰富，受众也较广泛。增设课程、政策宣讲、案例展示、专家讲座、学术交流等，都可以成为高校开展科研诚信教育的手段。

（四）重要性

科研诚信教育是保障科研质量的重要手段。通过教育，可以规范科研行为，强化诚信理念，减少学术不端现象的发生，提高科研成果的可靠性和可信度；有助于建立和维护良好的学术交流与合作环境；科研人员在遵守科研诚信规范的基础上，可以更加开放地分享研究成果和经验，促进学科的发展和进步。科研诚信教育是培养高素质科研人才的重要途径。通过开展科研诚信教育，可以培养科研人员的科学精神和道德素养，提高其综合素质和创新能力。

二、科研诚信奖惩

高校的科研诚信奖惩是指对在科研活动中表现诚信或不诚信的行为人进行奖励或惩罚的一种机制。这种机制旨在激励科研人员遵守科研诚信规范，提高科研成果的真实性和可靠性，同时遏制学术不端行为的发生。

（一）科研诚信奖励

科研诚信奖励是对在科研活动中表现诚信、取得显著科研成果的个人或团队给予的正面激励。这种奖励通常包括物质奖励和精神奖励两种形式。物质奖励可以直接支持高校科研人员的研究工作，提高其研究条件和效率。精神奖励可以提升高校科研人员的社会声誉和学术地位，使其获得满足感，增强荣誉感和归属感。科研诚信奖励的设立和实施，有助于激发科研人员的积极性和创造力，推动科研事业的健康发展。

（二）科研失信惩罚

科研失信惩罚是对在科研活动中违反诚信规范、存在学术不端行为的个人或团队进行的负面处理。惩罚形式多种多样，依据各高校关于科研诚信政策的相关规定以及情节轻重对相关人员予以不同程度的处罚，如警告、记过、撤销项目资助、取消奖励资格、返还科研经费和科研奖励、公开或一定范围内公开通报批评、取消导师资格、减少研究生招生名额、停止教学工作等。此外，科研失信行为还可能被记入科研诚信失信档案，对科研人员的职业生涯产生长期影响。

（三）重要性

科研诚信奖惩机制的建立和实施，对于维护科研诚信、提高科研成果质量具有重要意义。首先，通过奖励，可以激发科研人员的积极性和创造力，从而促进科研工作的开展，更容易促使科研人员产出更多更好的科研成果，推动科研事业繁荣发展；其次，通过惩罚，对失信者起到惩戒作用，对其他人员也起到警示提醒作用，可以有效遏制学术不端现象的蔓延，维护科研活动的公正性和纯洁性；最后，科研诚信奖惩机制还可以促进科研资源的合理配置和有效利用，提高科研工作的整体效益和水平。

三、科研诚信评价

科研诚信评价是指对高校科研人员在科学研究活动中的诚实守信程度进行的一种评估或判断。这种评价旨在确保科研工作的真实性、可靠性和公正性，维护科学研究的良好秩序和声誉。

（一）评价对象和内容

高校科研诚信评价的对象主要是科研人员，包括但不限于从事科研工作的教师、研究人员、学生等所有参与科研活动的人员，也可以是研究团队、二级学院或机构等部门。他们的科研行为、科研成果、科研合作、科研伦理等方面都是评价的重要内容。高校科研诚信评价的主要内容包括以下几个方面：（1）科研行为的诚信性，即评价科研人员在科研活动中是否遵守了诚实守信的原则，是否存在数据造假、篡改结果、剽窃他人研究成果等失信行为。（2）科研成果的真实性，即评估科研成果是否真实可靠，是否经得起时间和实践的检验。这要求科研人员在科研活动中保持客观公正的态度，不夸大、不隐瞒研究成果，不以虚假、欺骗等方式获得研究成果。（3）科研合作的规范性，即考查科研人员在科研活动中是否遵循了学术共同体公认的行为规范，是否尊重他人的知识产权和劳动成果，是否存在不正当的竞争行为。（4）科研伦理的遵守性，即考查科研人员在科研活动中是否遵守了科研伦理规范，是否存在违背科研伦理的行为。

（二）评价标准

高校科研诚信评价标准因每个高校自身科研诚信管理制度的不同而有所不同。制定标准首先要遵守法律法规和上级部门的管理规定，以此为标杆。在标准的制定中，要充分考虑学术规范、科研成果质量、被评价人员的综合素质等多方面因素。科研诚信评价的指标体系是一个复杂的系统，需要认真研究，以制定出科学合理的评价标准。

（三）评价方式

高校进行科研诚信评价的方式多种多样，主要有以下三种形式：一是同行专家评议。通过同行专家对科研项目或学术成果进行评议，评估其研究水平和诚信程度。同行专家评议在科研诚信评价中最为常见，是重要的方式之一。二是数据核查。对科研成果的数据进行核查，确保其真实可靠。数据核查可以通过第三方机构实现，以保证公正性和客观性。三是举报与调查。对于涉嫌科研失信行为的举报，高校中相关管理机构会进行调查核实，并根据调查结果进行处理。

（四）重要性

科研诚信评价对于维护高校科学研究工作的良好秩序和学校声誉及社会影响力具有重要意义。它可以对高校科研人员的科研行为进行客观的评价，以判断科研行为是否符合学术规范。科学合理的科研诚信评价机制是高校诚信建设中不可或缺的一部分，对维护科研公平公正、营造良好的学术环境具有重要的作用。

四、科研诚信监督

科研诚信监督是指对高校科研活动的全过程是否符合诚信要求进行的监督和管理。

（一）科研诚信监督的内容

高校的科研诚信监督贯穿科研活动的全过程，主要包括对科研行为、科研成果、科研经费等方面的监督。如在项目申报和管理过程中，要对申报材料的真实性和规范性进行监督，对项目成果的真实性和可靠性进行监督，防止在各个环节出现违规的情况。在成果管理过程中，监督成果的产出过程和最终结论是否符合科研诚信规范。在科研经费管理过程中，监督经费使用情况是否符合规范，是否存在截留、挤占、挪用、套取等违规行为。

（二）科研诚信监督的方式

高校科研诚信监督的方式主要有内部监督、外部监督和同行评议监督三种形式。

内部监督是指在高校内部建立科研诚信监督机构或指定专门人员负责科研诚信监督工作，通过日常检查、专项检查等方式对科研活动进行监督。高校除了在校级层面建立科研诚信监督机制外，在二级学院和研究机构、研究团队层面也都要建立科研诚信监督机制，以多层面、多主体运行科研监督模式，保障科研活动的规范性。

外部监督是指政府相关部门、学术团体、第三方机构等通过抽查、举报核查等方式对高校的科研活动进行外部监督。这些监督机构或组织通常具有较高的权威性和公信力，能够对科研活动进行有效的监督和管理。除此之外，高校中严重的科研失信行为还有可能受到法律法规的监督，行为人有可能受到司法机构的严惩。社会监督和舆论监督也是外部监督的表现形式。随着网络和自媒体的发展，社会和舆论对于科研诚信的监督也在科研诚信监督体系中发挥着重要的作用。

同行评议监督也是科研诚信监督中非常重要的一种方式。同行评议监督是指在科研成果评价过程中，通过同行专家对科研成果进行评议，判断成果的学术水平和诚信程度。

（三）科研诚信监督的重要性

科研诚信监督是高校推进科研诚信建设的重要保障，有效的监督能够及时发现科研活动中的问题，从而在萌芽阶段加以制止。科研诚信监督机制能够对科研人员产生震慑作用，规范其科研行为，增强其科研诚信意识，提高其道德修养，保障科研活动的正常有序开展。

第五章 我国高校科研诚信建设现状

科研诚信对于维护学术公平、推动科技创新发展具有重要的作用和意义。近年来，通过国家、各级政府部门不断加强对科研诚信的管理和监督，我国的科研诚信环境得到了净化，科研失信行为得到了有效遏制和有力惩处。高校是科学研究的摇篮，同时也是科研诚信建设的主阵地。在科技部、教育部等领导部门相关政策的引领下，我国各高校纷纷加强科研诚信建设，并取得了一系列成效；与此同时，也发现了众多科研失信行为并进行了相应的惩处。本章将对典型的科研失信行为案例进行介绍，并以河北省骨干重点大学为例，对我国高校科研诚信建设现状和存在的问题进行分析。

第一节 科研失信行为案例

科研失信行为是违背科研诚信要求的行为。随着我国对科研诚信的宣传教育和监管力度逐渐增大，近年来许多科研失信行为及处罚情况被公开，对广大科研工作者产生了教育和警戒作用。本节根据科研失信行为的主要类型，对科研失信行为典型案例进行介绍。

一、抄袭

2019 年，新华社昆明 3 月 29 日电，云南财经大学一名教师通过微博发帖称，湖南大学一名学生的硕士学位论文剽窃其 2017 年国家自然科学基金项目申请书，该生的导师正是 2017 年国家自然科学基金项目的评审专家。查重结果显示论文累计重复 15626 字，严重影响了该教师的博士论文重复率及学术声誉。4 月 2 日，湖南大学通报了关于该生硕士学位论文涉嫌学术不端问题的处理结果，认定该生的硕士论文存在抄袭现象，构成学术不端行为；其导师在评审完云南财经大学该教师的国家自然科学基金申报项目之后，未及时销毁评审材料，违反了《国家自然科学基金项目评审专家行为规范》。该生私自摘抄了该基金申报书部分内容用在了自己的学位论文中，其导师对她的硕士学位论文未能认真履行审查把关职责。学校最终决定撤销该生的硕士学位，给予其导师警告处分，取消导师资格，调离教学岗位。

在这个案例中，该生未能按照诚实守信的原则进行科研活动、撰写硕士学位论文，而是抄袭他人的项目申请书当作自己研究成果的错误行为，最终导致了硕士学位被撤销的结果。在这个案例中，不仅抄袭人存在科研失信行为，其导师也有不可推卸的责任，同样存在科研失信行为。项目申请书跟论文等科研成果一样，也是科研人员付出了大量的研究心血而得出的结果，但是项目申请书材料有别于公开发表的论文，它是非公开性质的，非经允许，除了管理人员和评审专家外，其他人是不可能接触到的。作为科研项目评审专家，应当以专家的行为规范严格要求自己，应当妥善保管评审材料，不能泄露。该案例中，被抄袭人的博士学位论文检测送审才发现被抄袭，在实际情况中，仍然存在项目申请材料因为管理人员或评审专家违背道德规范或没有进行妥善保管而造成被抄袭的现象，但通常却难以被发现。如何保障项目申请人的利益，这值得深入研究。

二、伪造

2003 年，上海交通大学微电子学院院长陈进团队成功发明了"汉芯一号"

芯片。21世纪初期,我国亟待在高新科技领域有所突破,自主研发高性能芯片是中国科技界的一大梦想,"汉芯一号"的问世引起了很大反响。2006年,"汉芯二号、三号、四号"也相继问世,陈进申请了数十个科研项目,获取的科研经费高达上亿元,同时也获得了"全国优秀科技工作者"等一系列荣誉称号。2006年,"汉芯一号"高性能项目被查实造假,陈进团队通过购买具有复杂处理功能的国外芯片,将其贴上"汉芯"的标签,变成"自主研发"的科研成果。陈进在负责研制"汉芯"系列芯片的过程中存在严重的造假和欺骗行为,以虚假科研成果欺骗了鉴定专家、上海交通大学、研究团队、地方政府和中央有关部委,欺骗了媒体和公众。

"汉芯事件"造成了十分恶劣的影响,使我国芯片的自主研发发展遭受了重创,其骗取的科研经费让国家遭受了巨大的损失。2006年5月12日,上海交通大学证实"汉芯"造假,撤销陈进上海交通大学微电子学院院长职务,撤销陈进的教授职务任职资格,解除其教授聘用合同;科技部决定终止其负责执行的科研项目并追缴相关经费和取消以后承担国家科技计划课题的资格;教育部决定撤销陈进国家级荣誉称号,取消其享受政府特殊津贴的资格,追缴相应拨款;国家发展和改革委员会决定终止陈进负责的高技术产业化项目的执行,追缴相关经费;中国科协科技工作者道德与权益工作委员会撤销陈进第三届"全国优秀科技工作者"称号(案例来源:https://news.cctv.com/science/20070103/100195.shtml)。

三、篡改

国家自然科学基金委员会于2021年10月22日在官方网站公布了《2021年查处的不端行为案件处理决定(第三批次)》,其中《关于对吴冀衍篡改身份信息违规申报基金项目的处理决定》公开的不端行为引起了关注,处理决定原文见图5-1。

第五章 我国高校科研诚信建设现状

> **关于对吴冀衍篡改身份信息违规申报基金项目的处理决定**
>
> 国科金监处〔2021〕108号
>
> 国家自然科学基金委员会监督委员会对吴冀衍涉嫌学术不端开展了调查。
>
> 经调查，吴冀衍先后入职南京理工大学、桂林电子科技大学、同济大学、南方科技大学、福州大学、重庆邮电大学等高校，在聘用期间通过篡改姓名和证件号码违规申报多项国家自然科学基金项目（均未获资助），涉及基金项目如下：
>
> 项目1：2019年度国家自然科学基金面上项目；申请人：吴冀衍，证件号码360702198608299434；依托单位：南方科技大学
>
> 项目2：2019年度国家自然科学基金青年科学基金项目；申请人：吴冀衍，证件号码360702198608298634；依托单位：重庆邮电大学
>
> 项目3：2019年度国家自然科学基金青年科学基金项目；申请人：吴冀衍，证件号码E25115493；依托单位：福州大学
>
> 项目4：2020年度国家自然科学基金青年科学基金项目；申请人：吴骥衍，证件号码360731198608296593；依托单位：南京理工大学
>
> 项目5：2020年度国家自然科学基金地区科学基金项目；申请人：吴纪延，证件号码360731198608290132；依托单位：桂林电子科技大学
>
> 项目6：2020年度国家自然科学基金面上项目；申请人：吴冀衍，证件号码360702198608293091；依托单位：同济大学
>
> 其中，2019年其同时申报了2项国家自然科学基金青年科学基金项目。
>
> 经国家自然科学基金委员会监督委员会五届十次会议（综合专业委员会）审议、国家自然科学基金委员会2021年第十三次委务会议审定，决定根据《国家自然科学基金条例》第三十四条、《科研诚信案件调查处理规则（试行）》第二十八条、《国家自然科学基金委员会监督委员会对科学基金资助工作不端行为的处理办法（试行）》第九条、第十六条第二项的规定，永久取消吴冀衍国家自然科学基金项目申请和参与申请资格，给予吴冀衍通报批评。
>
> 国家自然科学基金委员会
> 2021年9月19日

图 5-1《关于对吴冀衍篡改身份信息违规申报基金项目的处理决定》原文截图

吴冀衍通过篡改身份信息的方式违规申报国家自然科学基金项目，在 2019—2020 年共申报国家自然科学基金项目 6 项，分别切换使用"吴冀衍、吴骥衍、吴纪延"作为姓名；同时，通过篡改身份证号码和依托单位信息等方式，规避申报系统的限项规则和形式审查。其行为反映了他对科研诚信这一基本原则的极不尊重。当其科研失信行为被曝光后，随之而来的是国家自然科学基金委员会的惩罚，永久取消其国家自然科学基金项目申请和参与申请资格，给予通报批评。

四、代投

科技部的官网设有"科研诚信建设"专栏，定期发布部分高校医学科研诚信案件调查处理结果公开通报情况。根据公开的案件情况，论文代投、代发或由第三方修改、润色等情况是极为常见的科研失信方式。

重庆医科大学 2022 年 5 月 10 日发布了《关于对 Deyi Liu 等人发表的

论文涉嫌学术不端事件的调查处理通报》：刘德一作为通讯作者及第一作者发表的论文"MicroRNA-132 promotes neurons cell apoptosis and activates Tau phosphorylation by targeting GTDC-1 in Alzheimer's disease"于 2019 年 10 月在 *European review for medical and pharmacological sciences* 上进行发表。经调查认定：刘德一论文投稿时委托第三方机构对文章进行英文润色和代投，但仅限于对部分英文表述的文字进行润色并投稿，第三方机构没有对论文的图片和数据进行修改。刘德一的行为违反了《发表学术论文"五不准"》相关规定，根据《科研诚信案件调查处理规则（试行）》第四章第二十八条，对刘德一作出诫勉谈话和院内通报批评、取消其该年度评先评优以及职称晋升资格的处理决定。

在《科研失信行为调查处理规则》中明确界定了"买卖、代写、代投论文或项目申报验收材料等"是科研失信行为。在《发表学术论文"五不准"》中，明确提出不准由"第三方"代写论文，不准由"第三方"代投论文，不准由"第三方"对论文内容进行修改。在科研活动中，很多科研人员和学生对于"代投""第三方修改润色"等行为没有正确的认识，不认为这些是不规范的学术行为，缺少对政策的学习和认识，导致许多科研失信行为的发生。因此，高校和社会各界应该加强对科研诚信的宣传和教育，让广大科研工作者学习和理解相关政策，杜绝此类科研失信行为的发生。

五、不当署名

在国家自然科学基金委员会和科技部等部门公开发布的众多学术不端行为案件中，不当署名也是十分常见的学术不端行为现象。

研究成果的署名，体现了研究成果的归属，是科研人员展现自己研究成果的重要形式，也是获得同行承认和优先权的依据，与此同时，研究人员也应当对自己在专著、论文、项目申请书、研究报告等材料中的贡献负责。研究中，恰当的署名应当真实体现研究人员对本项研究的贡献，署名的顺序应当得到所有研究人员的确认，虚构署名人、任意篡改署名顺序、填写无关人员等都是违背署名规范的科研失信行为。

第二节 科研失信行为的危害

科研失信行为具有广泛而深远的危害。科研失信行为就像多米诺骨牌，一旦触发就会带来一系列连锁反应。它不仅仅会对科学研究活动本身造成巨大的影响，还对教育、公众、社会、法治、国家科技创新发展等各个方面都造成长久的危害。本节从科研失信行为对行为人、所在集体、学术界、国家和社会各方面的危害和影响进行论述。

一、对行为人的危害

科研失信行为的主体是行为人，其最直接的危害就体现在对行为人造成影响。科研失信行为对行为人个人的危害体现在多个方面。

首先，学术声誉是科研人员的生命线，科研人员一旦发生科研失信行为，将会对个人声誉造成重大影响。声誉受损是最直接的影响。在科学研究活动中，科研诚信是最基本的原则和要求，科研失信行为人违背了这一原则，使得其在所在集体、学术界的信任度大幅降低。除了影响个人声誉外，还会对其在学术界的学术地位、科研成果信任度等产生长久的不利影响。

其次，科研失信行为会阻碍行为人的学术发展、职业发展。科研人员的学术和职业发展与其学术声誉是密不可分的，一旦科研失信行为被发现，行为人可能面临降职、丢职甚至被调离工作岗位的处罚。同时，科研失信行为也会成为行为人的烙印和标签，对其今后的职业晋升造成阻碍。学术科研方面，相关方也会对个人在项目申请、论文发表、评优评先方面进行综合考虑，科研失信行为将影响行为人整体的学术发展和职业发展。

再次，严重的科研失信行为可能违反法律法规。如被确认违法，行为人可能会受到罚款等处罚，严重的甚至会受到刑事处罚。

最后，科研失信行为遭披露后，行为人往往面临巨大的心理压力，这种压力来自同行和舆论的谴责、上级的批评教育、所在单位的处罚、学生的不信任以及其个人心理的愧疚和不安等等，长期的心理压力将对其个人身心健康造成损害，影响其正常工作和生活。

二、对所在集体的危害

科研失信行为对行为人所在集体产生的危害也是重大的，主要体现在以下几个方面。

首先，有损所在集体的声誉和影响力。科研失信行为人所在集体大多为高校、研究机构等，良好的声誉是这些部门在学术界和社会上树立良好形象的基础，也是高校或研究机构科研实力和整体发展水平的重要体现。当行为人做出影响较大的科研失信行为时，除了行为人会引起广泛关注外，其所在的集体或群体也会受到关注；事件除了暴露出行为人违背诚信原则这一问题外，还暴露出所在集体未能尽到全面监督管理的责任。这些将会直接损害集体的声誉，使该集体在同行业和社会公众中的信任度大幅降低。

其次，科研失信案件中的抄袭、剽窃、伪造、篡改等行为会造成科研成果有失真实性，甚至成为无效成果，这样的研究成果如果已经被用于科研统计、成果奖励、职称评审等，将会给所在集体的相关部门带来很大的麻烦。如研究人员使用某一研究成果作为职称评审的必要支撑材料并在评审的竞争中胜出，当这一成果被认定为是违背科研诚信的无效成果后，除了需要在单位的科研统计中去除、追回其奖励外，对于该人员的职称应如何认定，对于科研失信行为造成的同批竞争者的不公平结果应如何处理，这些都给集体管理者带来了不必要的麻烦，增加了管理成本。

再次，科研失信行为将会对集体的学风建设和人才培养质量带来影响。科研失信行为主要存在于教育系统内部。就高等教育而言，学风建设是高等教育的重要组成部分，科研失信行为的发生和蔓延，将会对高校学风建设产生巨大的冲击。同时，还直接关系到高校人才培养的质量。如科研失信行为得不到纠正，高校长期处于不正的学风之中，学生们会受到不良科研风气的影响，失去对科研诚信的敬畏之心，对科研失信行为进行效仿，通过不正当的手段获取科研利益，而忽视了对真理和知识的追求。这种风气将对学生产生潜移默化的影响，会降低高校人才培养质量，对学生人生观的塑造、综合素质的提升、未来发展空间拓展等都带来不利的影响。

最后，科研失信行为导致了集体科研资源的浪费。当科研活动中存在着失信行为时，那么所在集体针对这项科研活动投入的人力、物力、财力和时间等无法得到有效的利用，浪费了集体有限而宝贵的科研资源。这种浪费不仅大大降低了科研的效率和效益，还可能使得真正有价值的科研项目因资源短缺而无法开展。同时，恶劣的科研失信行为还可能使集体在科研项目、经费等方面遭遇困境，项目无法按期完成或无法达到预定的目标，造成无法弥补的科研经费损失，等等。

三、对学术界的危害

科研失信行为会对学术界的声誉和公信力造成损害，同时也会阻碍学术的进步和发展。

首先，科研失信行为破坏了学术研究的真实性和公正性，这些行为使得研究成果失去了应有的价值，误导了后续的研究方向，严重的科研失信行为甚至可能导致严重的科学错误。这会给学术界的声誉和公信力带来巨大的损害，影响社会和民众对于学术研究的信心和态度。当民众对学术界的信任度降低时，学术界在社会的地位和影响力也随之下降，科学研究对于社会的推动作用也将大打折扣。长此以往，这种信任危机将会阻碍科学的发展和创新。

其次，科研失信行为严重阻碍了科学研究的正常开展。除了浪费社会资源外，科研失信行为还可能引发学术争议和纠纷，使得科研人员无法专注于研究本身，而是陷入无休止的争论和诉讼中。这种干扰和破坏将严重阻碍科学研究的正常开展和健康发展。

再次，科研失信行为会对学术评价体系的公正性产生影响。学术评价体系是评价科研人员研究水平和贡献度的重要标准。然而，科研失信行为使得学术评价体系的公正性受到质疑。一些科研人员可能通过不正当手段获取学术成果和荣誉，从而破坏了学术评价体系的公正性和公平性。这种不公平的竞争环境将严重损害科研人员的积极性和创造力，影响学术界的整体素质和创新能力。

最后，科研失信行为会削弱科学研究的创新能力和竞争力。创新是科学研究的灵魂和不竭动力，而科研失信行为却扼杀了这种创新精神和创造力。当科研人员不再相信科学研究的真实性和公正性时，他们可能会失去对科研创新的热情和信心，从而影响到整个学术界的创新能力和竞争力，这将使得我国学术界在国际竞争中处于不利地位。

四、对国家和社会的影响

科研失信行为不仅会对学术界的声誉和公信力造成损害，还会影响到国家和社会的整体利益。在全球化背景下，国家之间的竞争越来越激烈，科技创新成为提升国家竞争力的重要因素。然而，科研失信案件的曝光和频发，会削弱国家的科技创新能力，影响国家在国际舞台上的地位和影响力，影响国际同行对该国学术研究的认可和尊重，使国际间的合作与交流受阻。此外，科研失信行为还可能引发知识产权纠纷和国际贸易争端等，损害国家的利益。

在社会层面上，科研失信行为的发生将会对公众的认知造成误导，可能导致错误的研究成果被接受和广泛传播，影响公众的认知和判断，使得公众对政策制定、社会观念、价值观念等方面的理解发生错误，进而造成社会认知混乱。同时，科研失信行为的频发将破坏社会诚信体系的建设，降低社会的整体诚信水平。此外，科研失信行为还可能引发社会对于道德底线的质疑和反思，从而加剧道德危机。

第三节 河北省高校科研诚信建设现状

近年来，党和国家对科研诚信工作的重视程度不断提升，一系列政策制度陆续出台，为了贯彻国家的方针政策、营造良好的科研环境、加快创新型河北建设，河北省省委省政府、相关厅级部门也结合本省发展实际，相继出台了一系列关于加强省内科研诚信建设的政策与文件。国家和河北省的这些政策,都对河北省高校的科研诚信建设提供了政策引导和制度保障,也对高校的科研诚信建设提出了具体要求,河北省内各高校也纷纷加强科研诚信建设,并取得了一系列成效。

一、河北省科研诚信建设文件梳理

2019年1月6日,中共河北省委办公厅、河北省人民政府办公厅发布了《关于加强科研诚信建设的实施意见》(以下简称《实施意见》)。该文件从以下八个方面对河北省科研诚信建设提出了具体实施意见:总体思路、建立健全科研诚信建设管理机制和责任体系、构建覆盖科研活动全领域各环节的诚信管理体系、建立完善科研诚信管理制度、全面加强科研诚信教育宣传工作、严格落实对严重违背科研诚信行为查处的规定要求、着力加强科研诚信信息化建设、营造诚实守信激励创新的良好环境。《实施意见》中明确提出了强化科研诚信建设的主体责任,并对高校科研诚信建设工作提出了具体要求:"科研机构、高等学校要加强科研诚信建设工作,对学术委员会科研诚信工作任务、职责权限作出明确规定,建立专门办事机构,配备专职人员。"

2021年8月,河北省卫生健康委员会办公室发布了《关于切实规范和加强全省卫生健康系统医学科研管理工作的通知》。通知要求各地、各相关单位科研管理部门要加强对本地、本单位科研项目申请、预实验研究、研究实施、结果报告、项目检查、执行过程管理、成果总结发表、评估审议、验收等环节中的行为活动的监督指导,对所负责审核的项目负监管责任。

2020年4月,河北省科学技术厅印发了《河北省省级科技计划项目科研诚信管理办法(试行)》。该办法是河北省科学技术厅落实省委和省政府《实施意见》的具体举措。经过了一年多的运行,2021年12月,河北省科学技术厅对管理办法进行了部分修订,印发了《河北省省级科技计划项目科研诚信管理办法》。修订后的管理办法对河北省省级科技计划项目的全过程科研诚信管理提出了具体要求,明确了管理对象和责任主体,完善了管理程序,同时借鉴了省外的管理经验,在惩罚失信行为的同时也设立正面清单,鼓励科技创新。

河北省教育厅作为河北省教育系统的管理部门，近年来对科研诚信建设进行了多项安排部署：2021年开展了科研诚信与作风学风建设专项教育整治活动，2023年分别发布了《关于开展高校"科研诚信建设年"活动的通知》和《关于开展论文学术不端自查和挂名现象清理工作的通知》，2024年发布了《关于开展撤稿论文自查的通知》。在河北省教育厅的安排部署下，近年来全省各高校加强科研诚信建设，开展了多轮整治工作和自查工作，高校的科研诚信建设取得了显著成效。2023—2024年，根据河北省教育厅的相关通知要求，全省各高校纷纷开展了"科研诚信建设年"活动，活动内容丰富多彩，切实加强了科研诚信的宣传教育；同时开展了多轮论文自查工作，加强了科研诚信监督和管理。

二、河北省内主要高校科研诚信建设情况

河北大学于2015年出台了《河北大学学术不端行为处理暂行办法》，学校学术委员会是学校学术不端行为的最高学术调查评判机构，负责学术不端行为的调查与处理。学校学术委员会下设的学风与学术道德委员会作为执行机构，学校学术委员会秘书处挂靠在哲学社会科学研究院（原社会科学处）。由于该办法制定出台的时间较早，加之近年来相关政策文件不断更新，现阶段河北大学正在制定新的科研诚信管理文件。

河北师范大学于2016年出台《河北师范大学学术道德规范》，并于2018年进行了修订；于2020年10月出台《河北师范大学科研诚信管理暂行办法》，对于学校科研诚信建设各主体责任、科研失信行为范围作了明确的界定，规范了科研失信行为的调查、认定与处理程序。学校学术道德委员会全面负责学校的学风建设、学术道德规范管理、科研诚信管理工作，制定学校的相关管理规章制度，对科研失信行为进行认定和处理。

河北经贸大学于2021年4月出台《河北经贸大学科研诚信管理办法》，从科研诚信建设、科研失信行为的界定、科研失信行为的调查与认定、科研失信行为的惩戒处理与解除、申诉复查几个方面作出了具体规定。在校党委领导下，设立学校、二级单位科研诚信管理领导小组（以下简称领导小组）。

校级领导小组秘书处设在科研处,牵头组织科研诚信体系建设、建立规章制度、明确管理责任、完善内部监督、加强宣传教育等。

燕山大学于 2022 年 1 月出台《燕山大学科研诚信案件调查处理办法(试行)》。办法总则部分对科研诚信案件的定义和科研失信行为进行了界定,对职责分工、调查与认定、复议与处理、保障与监督等进行了规定,学校 2017 年出台的《燕山大学预防与处理学术不端行为办法》同时废止。学校学术道德委员会负责统筹科研诚信案件的调查与认定工作,科学技术研究院和社会科学处作为学术道德委员会秘书单位,分别负责组织协调自然科学和社会科学领域科研诚信案件的调查与认定工作。

河北科技大学于 2015 年 12 月同时出台了《河北科技大学学术道德规范》和《河北科技大学学术不端行为处理办法》。《河北科技大学学术道德规范》分别对基本学术规范、学术引文规范、学术研究规范、学术评价规范、学术批评规范等进行了说明;《河北科技大学学术不端行为处理办法》对学术不端行为认定、调查和处理程序、惩处标准等进行了规定。

河北地质大学于 2024 年 3 月出台了《河北地质大学科研诚信管理办法(试行)》,对科研诚信建设主体责任、科研项目管理信用承诺机制、科研失信行为界定、科研失信行为调查与处理作出了具体规定。

三、燕山大学科研诚信建设实践

作为河北省重点骨干大学,燕山大学近年来深入贯彻落实党和国家、各部位、省委省政府出台的科研诚信建设相关文件精神,加强科研诚信长效机制建设,坚持教育与实践结合、预防与惩治并举、自律与监督并重的原则,把科研诚信建设贯穿于教学、科研、学校管理的全过程,营造风清气正、求真务实的良好学术生态和科研环境,在科研诚信建设方面作出了许多有效的尝试。

1. 加强科研诚信宣传教育

(1)组织开展文件精神宣传工作

组织各学院及相关部门进一步学习《关于进一步弘扬科学家精神加强作

风和学风建设的意见》《关于进一步加强科研诚信建设的若干意见》等上级文件，以及《燕山大学科研诚信案件调查处理办法（试行）》《燕山大学学术道德委员会章程》等校级文件，进一步强化广大科研人员对于科研诚信重要性、学术不端以及科研失信行为界定、科研活动规范等方面的认知。

（2）举办科研诚信和学风建设宣传活动

学校采取线上线下相结合的方式，定期举办以"坚守科研诚信，引领优良学风"为主题的科研诚信及学风建设宣传活动。活动主要形式为科研诚信及学风建设主题宣传和科研诚信专题讲座。主题宣传部分，学校选取师生出入较频繁的场所，如图书馆大厅、行政楼大厅为主要宣传地，以实地展示的形式向全校师生宣传了科研诚信的定义、学术不端行为的类型、发表学术论文"五不准"、学术不端将面临的后果、对科研失信行为的处理、学术论文造假行为处理办法等内容，引导广大师生更准确地把握和理解科研诚信的相关内容和要求。学校以线上线下相结合的方式，定期举办专题讲座，曾邀请科研诚信领域相关权威专家和学校科研管理工作负责人员等就科研诚信和学术不端问题进行深入的讲解。

（3）开展新入职教师科研诚信培训教育活动

在进行新入职教师培训时，将加强思想道德修养、遵守学术道德和科研诚信等相关要求纳入新教师培训内容，为广大新进教师上好师德师风和科研诚信第一课，为学校科研诚信和作风学风建设奠定坚实基础。

（4）加强日常宣传

一是注重学术道德和科研诚信方面的政策宣传。在学校科学技术研究院、社会科学处网站均设置了"学风建设"栏目，适时发布上级政策文件等，便于科研人员及时查阅相关规定。二是加强学术道德和科研诚信方面的教育警戒。举办《恪守学术道德 践行科研诚信》等系列科研诚信专题讲座，明确了违反学术道德行为的惩戒措施，对于存在严重问题的单位和个人建立"黑名单"，视情节轻重作出相应处理等，引导科研人员守住学术道德和科研诚信的底线。三是强化学术道德和科研诚信方面的正面宣传。通过学校电视台、官网、官微、公众号等多种渠道，大力宣传先进典型事例，弘扬优良师风学风，营造良好的学术氛围。

2. 开展科研失信和学术不端行为自查和调查

（1）定期进行学术论文自查

学校定期开展学术论文自查工作，对照科研诚信管理制度要求，重点围绕学校科研诚信建设组织领导体系机构是否健全、管理制度是否完善、管理措施是否落实、是否建立科研诚信常态化教育机制、是否建立论文相关原始关键数据保存机制等逐项落实完善，建立健全学校和学院科研诚信管理体系，引导学校科研人员强化科研诚信意识、坚守科研诚信底线，推动学校形成更加良好的科研生态。

（2）受理科研诚信问题举报

根据教育部出台的《高等学校预防与处理学术不端行为办法》和科技部等部门联合出台的《科研诚信案件调查处理规则（试行）》相关要求，学校于2022年出台了《燕山大学科研诚信案件调查处理办法（试行）》，进一步明确了科研诚信案件处理的管理体制、职责分工、调查流程、处理时限等方面的要求，并同步完善了"燕山大学科研诚信案件调查处理流程"。同时，学校修订了《燕山大学学术道德委员会章程》，进一步明确了学术道德委员会职责及其他相关事项。学校学术道德委员会依据上述文件精神以及学校相关制度规定和工作流程，组织协调好科研管理、人事管理、学位管理等相关职能部门及学院，实事求是、客观公正地做好案件接收、调查取证、结果认定以及提出处理建议等相关工作，坚决反对科研失信行为，维护学校学术声誉和形象。

3. 建立学术期刊"预警清单"制度

预警清单来源于中国科学院公布的《国际期刊预警名单（试行）》（2021年）及其他学术界公认或媒体公开曝光披露的不规范、质量低劣的刊物。对于发表在预警清单上的论文用于项目评审、评奖、人才推荐、科研统计和职称评审的，一律不予认可，并作为评奖和评优的负面评价因素。建立预警清单年度更新制度，根据中国科学院《国际期刊预警名单（试行）》及其他专家意见建议或社会曝光情况，对预警清单提出修订或增补的建议。积极引导广大师生向一些学术水平高的规范期刊投稿，认真学习钻研，确保学术质量，力争在高水平学术刊物上发表高水平成果。

4. 科研活动诚信日常管理工作

为确保学校科研活动遵守学术道德和科研诚信，最大限度避免学术不端和科研失信行为发生，按照上级文件要求，学校学术委员会、学术道德委员会、科学技术研究院、社会科学处等机构在科研项目申报、科研奖励申报、科研荣誉评选、科研人才推荐、知识产权申请、学术论文发表等方面进行科研诚信提醒、审查和备查工作。

在科研项目申报方面，学校在基金申报动员会、申报说明会、计划书填写及项目执行过程说明会、基金过程管理说明会相关会议中，重点宣讲科研诚信工作，介绍国家自然科学基金委员会调查的学术不端案例，提醒科研人员引以为戒，恪守科研道德和诚信。同时，对于涉及人类伦理和实验动物伦理方面问题的，明确要求出具相关的伦理审查证明方可申报。在社科类项目申报中，申请人提交申报材料的同时还需提供《燕山大学科研诚信和意识形态审核表》。对于限项申报的项目，学校根据管理流程公平公正地开展项目评审工作。

在科研奖励申报方面，按照上级部门相关工作要求，为确保学校择优推荐科技奖励申报项目，学校学术委员会从项目的政治立场、学术认可度、成果水平等方面进行论证和严格把关。

在科研荣誉评选、科研人才推荐方面，组织科研诚信审查。科学技术研究院、社会科学处和有关学院对拟申报教育部长江学者等人才人选从学术规范、学术道德、科研伦理规范、失信行为等科研诚信情况进行把关，重点核实是否存在提供虚假材料，请托和抄袭、剽窃、侵占、篡改他人科技成果行为，以及学术论文买卖、代写代投以及伪造、虚构、篡改研究数据等行为。

在知识产权申请方面，重点核实所申请专利是否与第一发明人专业背景或岗位职责相关，是否存在代写代发、虚假挂名等现象。严格执行专利申请审查评估制度，切实提升专利申请质量，减少或避免存在所提交的专利申请的发明创造与申请人、发明人实际研发能力及资源条件明显不符，编造、伪造或变造发明创造内容、实验数据或技术效果，抄袭、简单替换、拼凑现有技术或现有设计等非正常专利申请行为。

在学术论文发表方面，启动学术论文、实验记录、实验数据等原始资料备案工作，组织各学院对近年来发表的学术论文进行全面梳理，要求论文作者对本人发表的论文相关记录和数据资料做好存档备查工作，以备后期单位统一管理和留存备查。

通过以上举措的实施，燕山大学科研诚信建设工作已初见成效，现已形成良好的学术氛围和科研环境。

第四节 河北省高校科研诚信建设成效和存在的问题

近年来，河北省内各级管理部门和各高校充分落实主体责任，加强科研诚信建设，特别是2018年以来，随着上级部门相关政策的接连出台，高校也进一步强化内部治理工作，完善科研诚信机制建设，取得了显著的成效，但也仍然存在一些问题。

一、主要建设成效

（一）科研诚信制度建设逐步完善

通过上一节对河北省高校科研诚信建设现状的分析可以看出，河北省无论是省委省政府，还是省科技厅、省教育厅等主管部门，都制定出台了一系列科研诚信建设的政策规定，省级科研诚信制度体系得到了完善。与此同时，各高校也承担起了主体责任，不断加强对科研诚信建设的重视，依据上级主管部门的要求制定了相应的科研诚信管理办法和规定，完善了高校内部制度建设，使得高校的科研诚信工作有了政策保障，明晰了主体责任，明确了科研失信行为的内容，规范了调查处理等工作的流程。

（二）科研环境逐步改善

随着科研诚信建设的不断加强，河北省高校的科研环境得到了明显的改善。在政策引导和宣传教育下，高校各级单位和师生、工作人员逐渐关注科学研究过程中的诚信要求,将诚实守信的原则内化于心,诚信意识逐渐增强,科研诚信成了科研人员的价值共识。在高校,如科研失信行为被发现,行为人往往产生极大的内疚和懊悔情绪,其同事、学生等身边的公众对失信行为的态度也都是非常明确和严苛的。高校通过规范惩戒措施,对有不诚信念头的科研人员起到了威慑作用,使恪守诚信规范成了科研人员共同的理念和自觉的行动。高校各二级单位也逐渐加强了对科研诚信建设的重视,高校系统无论是内部还是外部的科研环境都得到了改善,形成了诚实守信的良好氛围。

(三)错误的科研行为得到了纠正

近年来,在河北省教育厅的统一安排部署以及各高校的自发组织下,省内各高校开展了多轮科研成果自查工作,包括对论文学术不端的自查、挂名现象的清理、撤稿论文的自查等。通过这些自查工作的开展,各高校发现了过往存在的科研失信行为,按照规定程序开展调查、认定与处理工作,对失信行为人进行惩治,遏制了更严重后果的发生。

(四)研究质量逐步提升

随着科研诚信建设的不断加强、良好科研氛围的逐步形成、对科研失信行为惩戒力度的加大和科研人员正确价值观念的树立,河北省高校的科研质量得到了提升。科研人员能够有效规范自身的科研行为,确保了研究成果的质量和可靠性,这种高质量和可靠的研究成果是高校科学研究整体质量提升的重要基础和保障。

二、存在的主要问题

虽然河北省近年来的科研诚信建设工作中取得了显著成效,但仍然存在许多问题,需要引起各责任主体的重视。

(一)部分高校诚信管理制度陈旧

绝大部分高校都拥有自身的科研诚信管理体系,在开展科研诚信建设工作时有管理规则和政策作为支撑。通过对河北省内高校科研诚信管理制度的调研发现，仍然有许多高校没有更新制度，现阶段运行的仍为多年前制定出台的制度，甚至有的学校还没有形成规范的管理文件。这种现象在河北省重点骨干大学中也多有存在，如河北大学的科研诚信文件是2015年制定的，新文件正在制定中；河北工业大学目前还没有专门针对科研诚信的校级制度文件；河北科技大学沿用的政策文件是2015年制定的，距今已运行了近10年。在河北省内办学规模相对较小的院校中，这种现象更为常见。科研诚信的制度建设是不断优化和完善的，特别是2018年以来上级部门出台了多项文件和政策，对科研诚信建设进行了强调与规范，提出了许多新的要求、新的概念、新的管理理念和管理方法。各高校应当尽快建立起科研诚信管理体系，结合自身发展实际情况，制定和更新管理制度，适应不断变化和发展的科研诚信管理要求。

（二）科研失信行为时有发生

近年来，河北省内科研失信行为还时有发生。在河北省，论文撤稿事件暴露出的科研失信行为较为显著。在国家自然科学基金委员会官网发布的对于历年查出的不端行为案件处理结果通报中，只有一件河北省高校的案例，事由为河北省某大学马某在国际期刊发表的论文经调查核实系其委托第三方投稿，论文同行评议过程造假。2017年河北科技大学韩春雨团队主动撤回其在顶级期刊 *Nature Biotechnology* 上发表的论文事件引起了社会的广泛关注。在2023年年底，Hindawi 等国外出版机构大量撤回中国学者发表的论文引起了教育部的关注，其中河北省高校被撤稿的论文高达125篇。以上被曝光的撤稿事件反映出河北省高校科研失信行为普遍存在，未被曝光的情况只会更多。除了撤稿反映出的问题外，抄袭、伪造数据、署名不规范、重复发表以及在评审中"打招呼"的情况也时有发生。

（三）科研诚信惩戒机制有待完善

高校科研人员的诚信信息主要由主管单位掌握，而这些科研信息具有不流畅、不对称等特点。一般情况下，所在高校能够全面掌握科研人员的相关科研信息，但是到了上级主管部门的层面，其掌握的信息并不完整。如在国家层面，有科技部、中宣部、教育部等主管部门分别掌握各自负责的项目信息；在省级层面，省科技厅、省教育厅、省哲学社会科学工作办公室、省社科联等主管部门同样也是分别掌握各自设立的科研项目信息。在这种情况下，各主管部门信息不对称，这样会导致出现重复申报立项等情况。在此情况下，如果科研人员在某一项目中做出科研失信行为，其主管部门会对其作出相应的惩戒，但是对于另一个主管部门，其可能并不掌握惩戒的情况，行为人可能在申请另一个科研项目过程中不会遇到任何阻碍，这并没有达到科研诚信惩戒的目的。又如，一位科研人员在原单位因失信行为受到处罚而无法在该单位继续正常工作时，其可能会调动工作去到另一所高校就职，新入职的高校可能并不掌握其在原单位的相关情况，甚至其还有可能被当作"人才"予以优待。这些信息不对称使得科研诚信惩戒机制发挥的效用大打折扣。

（四）管理措施落实不到位

在科研诚信建设管理过程中，部分高校没有落实主体责任，管理措施实施不到位。现阶段，河北省各高校都有内部的学术委员会运行机制和科研诚信建设机制，对科研诚信建设的主体责任进行了清晰的界定，但是不同高校的执行力度却不甚相同，有些规章制度流于形式。目前，河北省内各高校发现和查处的科研失信行为大多数是基于上级部门已发现的事实，或是被他人举报、媒体揭露的行为，由高校自发主动监督检查并调查处理的案件少之又少。科研失信行为会对高校的声誉造成不良影响，许多高校考虑到这一点，往往对主动发现的科研诚信案件大事化了，只在内部进行教育，而没有真正履行科研诚信案件调查处理程序。部分管理人员碍于情面，对发现的科研失信行为持睁一只眼闭一只眼的态度。这些错误的观念和行为导致了管理措施不能有效落实，进而会导致科研失信行为频发，给高校科研诚信建设带来了很大的阻碍。

（五）诚信教育流于形式

河北省内高校近年来积极开展科研诚信宣传教育工作并取得了一定成效，

但是仍然存在教育水平和成效参差不齐、教育不主动、突击式教育、没有形成长效机制等现象。各高校的教育内容和教育形式各有不同，内容根据学校自身情况确定。由于教育水平、科研发展水平和科研管理水平等方面存在差异，各高校的教育成效参差不齐，部分高校的教育水平较低。高校主动开展科研诚信教育的情况较少，大多数是根据上级部门的要求开展突击式的教育。如根据省教育厅的要求开展科研诚信教育，或当学校发生科研失信行为案件时集中开展学习教育，之后随着热度的消退，各部门对于科研诚信的教育又被搁置一旁，没有形成良好的科研诚信教育长效机制。同时，还存在科研诚信宣传教育的内容较为抽象和单一的问题。

第六章 高校科研管理与科研诚信建设关系研究

高校的科研管理工作与科研诚信建设是高等教育体系中至关重要的两个方面，它们之间相互关联、相互影响，存在着密不可分的关系，共同构成了高校科学研究的基础，推动高校科学研究健康发展。

第一节 科研管理为科研诚信建设提供保障

高校科研管理工作能够为科研诚信建设提供重要的制度和实践保障。科研管理通过一系列管理措施和制度设计，确保了科研活动的规范性和科研人员的诚实性，从而保障了科研诚信的实现。

一、制度保障

制度保障，简而言之，就是一系列规则、政策和程序的集合，它们共同构成了一个国家、社会、集体或组织稳定运行和发展的根基。这些制度旨在规范人们的行为、维护秩序、促进公平和效率，并确保各种权益得到有效保护。具体来说，制度保障包含以下几个方面：

一是明确的规则。制度通过明确的规则来界定什么是可以做的，什么是不可以做的。这些规则为制度管辖范围内的集体和个人的行为提供了清晰的指导，减少了不确定性，有助于维护社会稳定。二是规范的程序。制度还规定了实现目标所需遵循的程序和步骤，这些程序和步骤确保了决策和执行的透明性、公正性和效率性，避免了权力滥用和腐败现象的发生。三是保护权益。制度保障的核心之一是保护集体或个人的合法权益。通过制定和实施相关法律法规和政策措施，制度确保了管辖范围内集体和个人的生命权、财产权、知识产权等得到尊重和保护。四是监督与问责。为了确保制度的有效执行，制度保障还包含了监督和问责机制。这些机制通过定期检查、评估、审计等方式，对制度的执行情况进行监督，并对违规行为进行调查、追责和处罚。五是适应性与创新性。制度保障还具备适应性和创新性。随着社会和经济的发展，制度需要不断进行调整和完善，以适应新的形势和需求。同时，制度也需要鼓励创新，为社会的进步和发展提供动力。

在科学研究领域，制度保障尤为重要。科研诚信制度保障通过制定和完善科研诚信规范、建立健全科研诚信体系等措施，为科学研究的创新发展提供有力支持。这些制度确保了科研工作的真实性、可靠性和创新性，促进了科研成果的产出与转化应用，为社会的进步和发展作出了重要贡献。高校是科学研究的主要阵地，高校科研管理工作的重要职能之一就是制定与学校科研相关的制度，确保科学研究工作的有序开展。

高校科研管理通过制定和完善与科研诚信相关的制度，明确行为准则和道德要求，为科研诚信提供制度上的根本保障。这些制度的内容通常包括科研诚信的定义、原则、要求和科研失信行为的界定、调查程序与处罚等，为科研人员开展诚实守信的科研活动提供了明确的指导和约束。同时，高校科研管理通过制度建设建立起了完善的科研诚信体系，包括科研诚信教育、宣传、监督、评价等多个环节。通过这些环节的相互配合和相互协作，形成全方位、多层次的科研诚信保障体系，确保科研活动的真实性和可靠性。

除了科研诚信制度的建立和科研诚信体系的健全，高校通过科研管理还建立起了完善的科研管理制度，包括项目申报、成果管理、平台建设、科研评价、经费使用等。这些管理制度共同构成了高校的科研管理体系，为科研诚信建设工作打下了坚实可靠的基础。

二、资源保障

资源保障是指组织或社会为确保资源的可持续供应、有效利用和合理管理而采取的一系列措施。科研诚信的资源保障是指为了维护和促进科研诚信建设所必需的各种资源及其配置方式。科研诚信建设不是单纯依靠规章制度和理想信念就能一蹴而就的，它还需要各方面的资源作为保障，如人力资源、信息技术资源、经费资源等等。高校的科研管理工作能够充分调动一系列资源，服务于科研诚信建设。

在人力资源方面，科研人员、科研管理人员、科研监管人员等都是高校科研诚信体系中必不可少的主体。科研管理为科研人员提供科研诚信相关的培训和教育，帮助他们了解科研诚信的重要性、具体要求以及如何在科研活动中践行诚信原则，提高科研人员的诚信意识和责任意识。科研管理人员是科研管理队伍的有机组成部分，他们全面负责高校科研活动中各个环节的管理与服务工作；科研管理人员的诚信素养影响着高校的科研诚信建设，同时科研管理人员的管理和服务水平也是科研诚信建设的重要保障。科研诚信的监督人员负责对科研活动进行监督和检查，在高校中一般由学术委员会的成员负责。监督人员应熟知科研诚信相关的规章制度，并尽职履责，承担起监督检查的责任和义务，及时发现并制止科研失信行为。

在信息技术资源方面，高校科研管理的一个重要环节就是信息化建设。随着科技的发展，越来越多的信息技术手段被应用于科研管理工作，也被越来越多地运用到科研诚信建设中。科研数据共享平台的建立，能够促进科研数据公开透明和共享利用，减少数据造假和重复研究的现象。运用信息技术手段建立科研诚信管理系统，能够精准记录科研人员的诚信信息，便于管理人员查阅，同时也为项目评审、人才评优等提供依据。科研诚信检测系统是科研成果诚信管理的重要工具，如检测查重系统、AI 识别系统、图像比对系统等等，可以对成果的诚信与否进行检测，及时发现和纠正科研失信问题。建立科研诚信案例资源库，可以为科研诚信宣传教育提供素材。

经费是科研诚信建设的物质基础，充足的经费支持可以保证科学研究的顺利开展，同时也能够有效维护科研诚信。高校通过科研管理能够对经费资源进行合理的分配和使用。高校科研管理通过对纵向项目、横向项目经费的有效管理和使用指导，为科研人员顺利开展课题研究提供了保障。同时，校内设立的校级课题也是高校支持科研发展的重要方面，对校内经费的合理分配，能够起到良好的激励作用。

三、监督保障

监督是指对某一过程或活动的察看、督促和监管，以确保其按照既定的规则、标准或目标进行。监督的过程涉及对事物发展状态的监视、检查、管理和督导等多个环节。在各个领域，监督都扮演着至关重要的角色。它不仅是保障规则执行、维护秩序稳定的重要手段，也是推动事物向着更加公正、合理、高效方向发展的有力保障。在科研诚信领域，监督尤为重要。科研诚信建设仅仅依靠科研人员的自我约束是远远不够的，因此高校的科研管理工作需要建立完善的监督机制。

高校的科研管理工作通过建立健全的科研诚信监督机制，对科研活动进行全过程、全方位的监督和管理，包括对科研项目申报、实施、验收等各个环节的审查和监督，以及对科研成果的真实性、可靠性进行验证和评估。通过加强监督，可以及时发现和纠正科研失信行为，维护科研诚信的严肃性和权威性。科研管理还通过建立科研失信行为的调查与处理机制，对科研失信案件进行调查，核实后按照规章制度进行惩处，以儆效尤。这种机制可以树立高校科研管理的权威性，有效遏制学术不端行为的发生，营造风清气正的学术氛围。

四、激励保障

激励是指通过一系列手段和方法激发个体或集体的积极性、主动性和创造性，使其更加努力地进行某种行动，以实现既定目标。（高校科研管理的科研激励机制已经在本书第二章进行了具体论述）科研激励对于科研诚信建设同样具有十分重要的支撑作用。高校科研管理通过构建科研诚信激励机制，对遵守学术道德准则、恪守学术规范、严守学术自律的科研人员给予一定程度的政策倾斜和物质精神奖励，以激发科研人员的荣誉感和责任感，使其能够更加潜心科研、坚守科研诚信，从而推动高校科学研究的发展。同时，还可以通过对科研失信行为的负面激励，起到惩戒和威慑的作用，让科研人员不敢以身犯险，使其严守学术道德底线。科研管理还将科研诚信纳入科研人员的评价体系中，作为职称晋升、项目申报、奖励评优等的重要依据。这种评价机制可以激励科研人员自觉遵守科研诚信规范，努力提升自己的科研水平和学术声誉。

第二节 科研诚信为科研管理提供动力

诚信的科研环境为高校的科研管理提供了丰富的内涵和强大的动力。良好的学术环境是科研活动得以顺利开展并产出高质量成果的基础条件，而科研管理则是维护和优化这一环境的重要手段。

一、科研管理的动力

科研管理的动力是指驱动科研管理工作开展和发展的力量或者因素。科研管理动力能够有效推进管理工作的科学化、专业化和精细化，是推动高校科研活动高效有序开展的重要保障。科研管理的动力来自以下几个方面：一是科技创新的驱动。随着科学技术的不断发展，科技领域的创新和突破不断增多，科学研究的内容越来越丰富，科技创新的地位和重要性也逐步提高，这些都对科研管理工作提出了更高的要求，也为科研管理工作提供了基础。二是国家政策的支持。国家的发展战略和政策导向明确了科研工作的方向和目标，激发科研人员的创造性和积极性，为科研管理提供政策支持和资源保障，推动科研管理工作深入开展。三是科研人员的内在动力。科研人员是科研活动的主体，科研人员的钻研精神、求知精神、创新精神和科研道德水平，是科研管理的重要动力来源。四是科研成果的转化应用。随着科技的进步和发展，越来越多具有应用价值的科研成果通过转化与应用变为现实生产力，成为推动社会进步的重要力量，这些也都为科研管理工作提供了丰富的内容与动力。

二、科研诚信为科研管理提供坚实的道德基础

道德基础是管理体系稳定运行的根本保障，其决定了管理体系的价值观、行为准则和评价标准。在科研领域，科研诚信是科学研究活动的基本原则和核心价值，它要求科研人员在进行科学研究的过程中，必须秉持诚实、公正、勤奋、创新的原则，确保科学研究结果真实可靠。科研人员在研究活动中坚守科研诚信，对科研管理的有效实施和科研活动的健康发展具有重要的作用，是科研管理坚实的道德基础。

科研诚信确立了科研活动的道德标准，这种道德标准不仅是对科研人员的要求，也是对整个科研共同体的要求。这些都为科研管理工作提供了明确的道德指引，同时也为管理工作提供了道德标准。

科研诚信还促进了科研管理的公正性和透明度。在科研管理中，公正性和透明度是确保管理决策合理和可接受的重要因素。科研诚信要求管理者在科研资源配置、项目评审、成果评价等方面保持公正无私的态度，遵循公开透明的原则，这是对科研管理者和科研管理部门的诚信要求。这种公正性和透明度能够增强科研管理的公信力，使科研人员信任和支持管理决策。

三、科研诚信有助于提升科研管理的效率和质量

科研诚信在提高科研管理效率和质量方面起到了十分重要的作用，表现为以下几个方面。

（一）科研诚信能够减少科研失信行为的发生

科研人员遵守诚信原则，能够极大地减少科研失信行为的发生，避免了

失信行为造成的争议和对失信行为的调查和处理。科研失信行为不仅损害了高校和专业研究机构的声誉，还浪费了大量的人力、物力和时间对科研失信行为进行调查和处理。诚信的科研能够确保数据的真实性、结果的可靠性、程序的合规性。良好的科研环境使得科研管理部门和管理人员能够更加信任科学研究的过程和结果，从而减少不必要的审核与验证工作，提高管理效率。

（二）科研诚信促进了科研成果的创新性和实用性

科学研究中的创新是推动科学进步和技术发展的关键。科研诚信鼓励科研人员勇于探索未知领域，提出新颖的理论和观点，从而产出具有创新性的原创科研成果。同时，科研诚信还要求科研人员注重科研成果的实用性和应用价值，确保科研成果能够为社会和经济发展作出贡献。这种对创新性和实用性的追求对于促进科研管理质量的提升具有积极的推动作用。高质量的科研成果不仅是科研人员的荣誉，也体现了科研管理工作的高水准和高质量。

（三）科研诚信促进了科研资源的合理配置

在科研管理中，资源分配是一个关键环节。遵守诚信原则的科研人员在开展科研活动时，为了保证科研的效率和效果，对于科研资源的使用和分配始终秉承着诚实和负责任的态度，不滥用或浪费资源。这种诚信精神有助于科研管理机构更准确地评估科研项目的需求和潜力，从而作出更加合理的资源分配决策。当资源得到合理配置时，科研活动的开展将更加顺利，科研管理将会更加高效。

（四）科研诚信能够加强科研团队之间的合作与交流

团队合作是取得科学研究重大突破的关键。遵守科研诚信原则的科研人员能够主动地尊重他人的劳动成果和贡献，严格遵守学术道德和规范。这种诚信精神对于建立相互信任和尊重的合作关系是十分重要的。诚信精神能够促进团队成员之间的有效沟通和协作，当团队成员能够顺畅地交流和合作时，科研管理的效率和质量也会得到相应提升。

四、科研诚信推动科研管理的创新和发展

科研诚信是科研管理工作创新和发展的有力支撑和不竭动力。在科技快速发展的背景下,秉持诚信的态度对待科研工作,不仅对于维护科研活动的稳定和发展具有重要作用,同时还能激发出新的科研管理理念和方法,使科研管理工作更加高效、公正,推动科研管理的创新和发展。

(一)科研诚信鼓励思维创新

创新是发展的必由之路,是科技进步的关键。鉴于科研诚信在科技创新方面发挥的重要作用,当这种创新思维不仅仅体现在科研成果的产出而是渗透到科研管理工作的各个环节时,科研管理的方式方法和思维也就会自然而然地进行更新与改进。科研管理部门和管理人员都遵循诚实守信的原则开展管理工作,他们会更加勇于尝试新的管理理念、改进管理方法,以更加灵活和高效的方式应对科研活动中出现的机遇和挑战。

(二)科研诚信促进了科研管理的制度创新

科研管理涉及众多制度、规范和流程,这些制度的设计和执行直接影响到科研活动的效率和质量。科研诚信要求科研管理机构在制定和执行管理制度时保持公正无私的态度,遵循公开透明的原则。这种要求促使科研管理机构不断审视和优化现有制度,剔除不合理的规定和程序,引入更加科学、合理和高效的管理制度。同时,科研诚信还鼓励科研人员和管理者积极参与制度政策的制定,提出建设性的意见和建议,共同推动科研管理制度的发展和完善。

(三)科研诚信加强了科研管理工作与其他领域的创新融合

随着科技和社会的不断发展,科研活动与产业、经济、社会等多个领域紧密相连。科研管理工作也要相应地进行内部和外部多方面的沟通、联系与交流融合。这种交流融合包括两个方面:一是内部的交流融合,加强同自身单位内部的创新融合,如财务部门、人事部门、监督部门等,还包括与各学

院、研究机构和研究人员的融合；二是外部的交流融合，包括加强与上级主管部门的沟通，与高校、科研院所和企事业单位的交流合作，积极联络校外专家和研究机构，等等。这种合作与交流有助于引入新的管理理念和技术手段，推动科研管理的创新发展。

五、科研诚信为科研管理营造风清气正的环境

良好的科研环境是推动科研工作发展的重要力量，通过加强科研诚信建设，能够为集体营造风清气正的学术氛围，在这样的环境和氛围下，科研人员能够自觉遵守科研道德和法律规范，树立正确的科研价值观；能够真正做到潜心科研，激发创新思维，产出优质成果，从而推动科学研究的发展进步。这种良好的科研氛围能够感染和影响集体中的每一位成员，包括其他科研人员和科研管理工作者，使得科研管理工作同样处于一个良好的氛围之中，让管理工作的开展更为顺利，科研人员更加能够接受和服从管理。风清气正的科研环境不仅有利于科学研究的顺利进行和科研成果的产出，同样对于科研管理工作也有巨大的推动和支持作用，是管理科学化和专业化的环境基础。

第三节 科研管理与科研诚信建设的制约关系

通过前面两节的论述可知，高校科研管理和科研诚信建设之间存在着密不可分的关系：科研管理为科研诚信建设提供保障，同时科研诚信能够为科研管理提供源源不断的动力，二者之间是相互促进的关系。与此同时，科研管理与科研诚信建设也存在着相互制约的关系。

一、科研管理对科研诚信建设的制约

科研管理工作的落实不到位，将严重制约科研诚信的建设水平。主要体

现在以下几个方面。

（一）管理制度不健全对科研诚信建设的制约

科研管理通过制定与科研诚信相关的规章制度，为科研人员提供明确的行为准则。然而，如果这些规章制度不科学、不全面、不具体或存在漏洞，则科研活动将缺乏明确、具体的科研行为准则和规范指导。这将导致科研人员在进行科学研究的过程中缺乏清晰的指导和约束，科研管理工作容易出现模糊地带和灰色空间。在没有明确规范的情况下，科研人员可能难以判断某些行为是否会构成不诚信的科研行为，进而增加了科研失信行为发生的风险。

（二）执行力度不足对科研诚信建设的制约

当科研管理工作执行力度不足时，即使在高校已经拥有健全的管理制度的情况下，也会出现政策难以落地的情况。"有法不依、执法不严"的现象将导致科研失信行为得不到应有的惩罚，使得科研诚信政策规定停留在纸面上，不能真正运用于科研管理实践、服务于科研诚信建设；科研失信行为可能因为缺乏有效的监管而无法得到遏制，进而削弱科研诚信建设的成效。

（三）资源分配不公对科研诚信建设的制约

如果科研管理工作在进行资源分配时存在不公平、不公正的现象，例如资源过分倾向于某个领域的研究或某个个体和团队，那么就容易出现权力寻租和利益输送的不良现象，使得一些科研人员通过不正当手段获取资源，损害科研诚信。

（四）激励机制不合理对科研诚信建设的制约

当前的科研激励机制往往过分强调论文数量、影响因子等量化指标，而忽视了科研成果的实际质量和应用价值。这种不合理的激励机制促使科研人员追求短期利益，而忽视了科学研究工作的质量以及长期价值。这种"重数量轻质量"的评价激励机制将会导致大量的低水平和重复性成果的出现，极大地浪费了科研资源，降低了科学研究的整体水平。科研人员想要在短期内产出大量的研究成果是不符合科研规律的，在科研过程中必然会存在一系列科研失信行为，产出不诚信的科研成果，这些都将严重影响科研诚信建设。

（五）监管机制无效对科研诚信建设的制约

在高校科研管理过程中，如果缺乏有效的监管机制，或者监管机构的职责不明确、权责不对称，将会出现科研失信行为查处不及时、不严格的现象。当监管处罚机制变得无足轻重，科研失信行为得不到相应的惩戒和管理时，科研人员将放松对自己道德底线的要求，采取不诚信的手段来追求个人利益或学术成就，进而导致科研失信行为泛滥。这将对科学研究的公信力带来极大的损害。

（六）科研文化底蕴不深厚对科研诚信建设的制约

在科研管理工作中，如果忽视了对科研人员科研诚信意识的培养，就可能导致科研人员对科研诚信的重要性认识不足，对科研失信行为界定不清晰，从而容易做出科研失信行为。科研管理还需要努力为科学研究工作营造风清气正的学术环境，包括加强学术道德建设、弘扬科学精神等。如果科研环境不佳、没有形成潜心科研的良好学术风气，那么将会制约高校的科研诚信建设。

二、科研诚信建设对科研管理的制约

一个集体，如果科研诚信建设效果不好，那么同样会对科研管理工作产生极大的不良影响。

（一）科研失信行为频发反映了科研管理不到位

科研诚信建设是科研管理工作的重要方面。完善的科研诚信管理体系、良好的学术环境，是高校科研管理水平的重要体现。科研失信行为发生的频率是科研诚信建设效果的最直观体现。如果一个高校拥有完善的科研诚信管理体系，不一定能够确保不会发生科研失信行为，但是如果一个高校科研失

信行为频发，那么它的科研诚信体系一定是不健全的。科研失信行为的发生，不仅仅是失信行为人单方面的原因，管理体系出现纰漏也是导致行为人做出这些行为的重要因素。科研失信行为频发不仅说明高校不具备健全的科研诚信体系，更是反映了其科研管理工作不到位。

（二）科研诚信建设不到位影响科研管理的公信力

科研管理公信力是指科研管理机构及其管理行为在公众中获得信任和认可程度。高校科研管理公信力是指全校领导、师生和职员对高校科研管理部门及其管理行为（如项目申报、评审等全过程管理，项目成果审核、转化应用的管理，科研评价等）的信任和认可程度。这种信任是科研管理能力的重要体现。科研管理公信力是科研管理部门管理工作顺利开展的保障和动力，对于促进高校科研工作的发展具有重要作用。科研诚信建设水平，对于科研管理公信力有着直接的影响。科研诚信案件普遍能够引起高校内外部和学术界的广泛关注，成为热点话题。当高校科研诚信案件或科研失信行为发生时，人们在质疑行为人的同时，也会质疑高校的科研管理工作。当越来越多的师生质疑科研管理工作时，科研管理的公信力就会下降，人们将不再认可其管理行为，科研管理工作的效率将大大降低。

（三）科研诚信建设不到位增加了科研管理工作负担

科研诚信建设工作如果落实不到位，科研管理工作的开展也会受到阻碍。当科研诚信案件和科研失信行为发生时，科研管理部门和人员需要投入相当一部分精力来对案件进行调查，并依据程序作出处理。处理科研诚信案件的程序是十分严谨和规范的，需要按照规定程序进行多次调查、讨论，形成决议。同时，由于科研失信行为一般具有隐蔽性和复杂性等特点，在这个过程中需要耗费大量的时间、人力等成本。在高校中，科研管理部门一般被认为是工作内容最为繁重的部门之一，科研诚信案件的调查处理等工作对本就被项目、成果、平台等日常工作压身的科研管理人员来说，无疑更加重了其工作负担。

（四）科研诚信建设不到位降低了科研管理质量

科研管理质量是指对于科学研究过程进行规划、组织、协调、监督等一系列管理过程所达到的综合效果。科研管理质量体现在科研项目质量（高层次项目立项数量、项目执行过程合规、项目结项成果水平）、科研成果质量（成果类型、成果水平、成果创新性和应用性等）、学术环境和科研影响力等方面。科研诚信建设也是科研管理质量的重要体现。高校的科研诚信建设体系不完善，则说明高校的科研管理不全面。科研诚信建设不到位带来的科研失信行为，将会最直接影响科研项目质量和科研成果质量，同时也会影响良好学术环境的构建，破坏风清气正的学术系统，对高校的声誉和影响力都造成不良影响。这些后果是科研管理质量不佳的集中体现。

第七章 高校科研诚信建设的创新路径研究

科研诚信建设对于科学研究事业发展的重要性已经越来越凸显，无论从国家层面、各地市层面、社会层面还是高校层面，都纷纷加强了科研诚信建设并取得了一系列成效。科研诚信问题一直伴随着科学研究存在，其具有形成原因复杂性、存在历史长期性等特点。现阶段，科研诚信问题虽有被遏制的倾向，但是仍然普遍存在。作为科研人员的聚集地和科学研究的摇篮，高等院校的科研诚信建设任重而道远。如何加强高校科研诚信建设，更好地解决科研诚信问题，有效避免科研失信行为的发生，营造风清气正的学术氛围，是每一个高校亟须解决的问题。

第一节 完善科研诚信政策体系

科研诚信的相关政策是高校科研诚信建设的根本，是高校加强科研诚信管理、处理科研失信行为时的首要依据以及需遵循的规定。高校的科研诚信政策体系是一个相互关联、复杂庞大的有机体，它不单单指某个文件中的政策内容，而是一系列相关的政策文件，如高校考核评价政策、激励政策、职称晋级政策、经费使用政策、课题申报政策、成果管理政策等等。这些政策之间相互协调配合，共同构成了高校的科研诚信政策体系。完善高校科研诚信政策体系，应当从以下几个方面着手。

一、制定符合内外需求的科学合理的科研诚信政策

现阶段，我国大部分高校都有自身专门的科研诚信政策，其文件名称叫法不一，一般多用"科研诚信建设管理办法""学术不端处理办法""科研诚信案件管理办法"等，但其本质上都是对科研诚信管理的直接规定，一般包括科研诚信建设主体责任、科研失信行为（学术不端行为）的界定、案件的调查认定与处理等等。通过对我国高校的政策制定情况进行调研发现，很多高校存在文件陈旧、没有根据国家政策及时调整更新的情况，部分高校甚至存在政策文件缺失的情况。高校应当结合上级部门政策文件要求和自身发展实际制定科学合理的科研诚信建设文件。

（一）符合外部要求

文件的制定和完善过程首先要遵循外部要求，即近年来国家和地方出台的一系列科研诚信建设文件。任何一项政策的制定都不能够违背上级文件的精神和要求，因此高校的科研诚信政策要确保合法性和有效性，必须以上级部门发布的文件、法规和政策为标准。这些指导标准主要包括国家层面的法律法规、教育部等主管部门的规章制度和各类指导性文件，具体包括本书第四章第一节"科研诚信建设的政策梳理"部分相关文件。

高校应当认真研读、深入研究上级部门的文件，准确把握上级对于科研诚信管理和建设的基本要求、根本原则和目标，为制定本校科研管理政策提供依据。在制定科研诚信管理政策时，应确保政策内容与上级文件保持高度一致，做好政策衔接，不能出现相悖和冲突的内容。对于上级文件中的具体要求或标准，应在高校政策中予以具体明确和体现。

（二）适应内部发展

高校科研诚信政策的制定既要符合上级文件的要求，又要结合高校自身发展实际。每个高校在管理职能、科研发展情况、科研诚信状况等方面都有

自身的特点，没有两所高校是完全相同的，因此科研诚信政策的制定不能照搬照抄上级文件或其他高校的文件，高校应当结合自身发展实际，通过充分调研和征求广大师生意见等，将政策内容细化，将规定和程序具体化，确保政策在实际执行过程中具有较强的针对性和可操作性，切实指导高校科研诚信建设实践。

（三）适时评估与调整

社会在不断地发展变化，科学技术的变革和发展更为突出，高校对于科研诚信的管理也要适应各种发展变化，定期进行评估与调整。科技的发展、科研诚信案件类型的更新、上级新文件的出台、高校内部的新形势等变化，都有可能对高校的科研诚信管理和建设有新的要求。同时，高校在落实科研诚信政策的过程中也可能会发现政策存在的问题和纰漏。这就要求高校适时对科研诚信政策进行评估，及时发现政策中存在的问题和不足，并进行相应的完善与调整，以确保政策始终符合上级要求、适应自身建设发展。

二、建立多层次、多维度的政策体系

高校是个庞大的系统，要想确保高校科研诚信建设管理高效稳定地运行，需要高校综合考虑不同层面、多个领域的实际情况和需求，制定出一套全面、系统、协调的政策框架，以建立多层次、多维度、完善的科研诚信政策体系。

（一）制定二级学院、研究团队的科研诚信政策

高校科研诚信建设的有效运行，除了学校层面的建设和管理外，同样也离不开二级学院的管理以及研究团队的内部要求。现阶段，高校的管理强调权限下移和校院两级管理，因为二级单位对其教师和学生有更为直接的管理权力，这样的管理模式更加高效和科学。针对科研诚信的管理也同样如此：高校在校级层面运行学校的管理规则、制定校级政策，高校内部的各二级单位也应当制定适配学校政策的学院科研诚信建设政策，以确保校级政策能够更加有效地在基层得到落实和运行。高校的研究团队也是非常庞大的，一些

大型团队往往成员众多、承担的科研任务重要且艰巨，在研究团队中形成内部科研诚信政策也显得尤为重要。这些内部政策的制定，能够确保研究团队的稳定运行，保证科学研究的质量和科研成果的产出。

（二）实现多维度的政策覆盖

如前文所述，科研诚信政策体系不是单纯的几个制度文件，而是与之相关的一系列政策的综合，是个系统的有机体。要想建立完善的高校科研诚信政策体系，需要同时加强审查、监管、评价、激励、奖惩、教育等各个环节全方位的政策配套，形成完整、健全、相互支撑、有力配合的政策体系。高校中的科研项目和成果管理政策、科研奖励政策、职称评审政策、人才引育政策、校园文化建设政策、教育培训政策、经费政策等，都需要与科研诚信政策相适配，做到全方位和多维度的政策覆盖，共同完成对高校科研诚信的维护，守护高校成为科学研究的净土。

（三）加强政策间的衔接与协调

高校在建立多层次、多维度政策体系的同时，要特别注意各个政策之间的衔接与协调。各个政策制定的主体并不相同：科研相关的政策一般由科研管理部门制定，职称评审、人才引进等人事相关的政策由人事部门制定，学生教育政策由教务部门或研究生管理部门制定，经费政策由财务部门制定，而各二级单位和科研团队的政策由其自身制定。各个部门在制定政策时，要做好沟通协调工作，通过定期召开科研诚信管理会议、建立信息共享机制、广泛征求各部门和师生意见等方式，加强各层级、各部门之间的交流联系，确保政策之间保持一致性和协调性。

三、制定分学科的科研诚信政策

不同的学科在研究范式、研究方法、调查分析、结论等方面有着很大的区别。自然科学和人文社会科学之间研究的差异很大，即使在人文社会科学研究内部，人文科学和社会科学的研究也有很大的差异。遵守科研诚信原则应当贯穿所有学科的研究全过程，同时因各学科具有特殊性，在科研诚信的建设和管理中也应当有所差异。高校科研诚信政策的制定应当充分考虑各个学科的特点，探索制定与各学科相适应的科研诚信政策。

医学学科与其他学科在科研诚信方面最显著的差别即医学学科更为关注科研伦理准则。在 2021 年国家卫生健康委员会会同科技部、国家中医药管理局共同修订的《医学科研诚信和相关行为规范》中，第二章"医学科研人员诚信行为规范"的第一条就是关于科研伦理准则的规定："医学科研人员在科研活动中要遵循科研伦理准则，主动申请伦理审查，接受伦理监督，切实保障受试者的合法权益。"对于医学学科，科研伦理是科研诚信行为的首要规范，但是对于其他学科，诸如人文社会科学学科，一般没有对于科研伦理的要求。又比如，自然科学领域和人文社会科学领域常见的科研失信行为类型不甚相同。根据国家自然科学基金委的公开通报，科研失信行为主要包括论文图片使用不当、数据造假、署名不实、抄袭、操纵同行评议等；根据科技部、国家卫生健康委员会通报的案件来看，学术不端行为主要有伪造研究数据图表、代写代投、买卖论文数据、违反科研伦理。在人文社会科学领域，有研究表明学术不端行为表现最显著的前三位分别是剽窃、重复发表和不当署名。因自然科学的研究多用到数据、公式、图表等实证研究方法，所以存在大量的数据和图表造假的情况；而人文社会科学的研究方法与自然科学差异较大，科研失信行为的表现形式也不尽相同。

因此，科研诚信建设效果的实现需要充分考虑不同学科之间的共性和特点，进行差异化的管理才更为科学。研究制定分学科的科研诚信管理政策，值得包括高校在内的所有科研相关管理部门探索。

第二节　科研评价机制创新

高校的科研评价机制与每一个科研人员的个人利益切实相关，建立完善的科研评价机制是维护科研工作者正当权益的必然要求。现阶段，科研评价机制的不健全、不合理是诱发科研诚信问题的主要原因之一。量化和单一化的科研评价模式极大地制约了科学研究的创新发展，助长了不良科研风气的蔓延。因此，高校科研评价机制的完善与创新，对科研诚信建设具有十分重要的意义。

科研评价需要遵循合理性和公正性的原则。合理性是指在进行科研评价时要本着质量优先、综合考虑数量的标准，着重支持具有创新意义的高质量科研成果。同时，要充分考虑学科间的差异，避免"一刀切"的评价标准。公正性是指在科研评价过程中要按照公平、公开和透明的程序进行，评价结果合理客观，令被评价者和公众信任和接受。

为了更好地推进科学研究工作、营造良好的学术氛围，发挥好科研评价指挥棒和风向标的作用，近年来，我国高度重视科研评价体制改革，出台了一系列政策文件优化科研诚信体制机制。2018年，中共中央办公厅、国务院办公厅联合发布了《关于深化项目评审、人才评价、机构评估改革的意见》，强调"项目评审、人才评价、机构评估改革是推进科技评价制度改革的重要举措"。2018年11月，教育部办公厅发布《关于开展清理"唯论文、唯帽子、唯职称、唯学历、唯奖项"专项行动的通知》，决定在高等教育系统开展"五唯"清理。2020年，科技部印发了《关于破除科技评价中"唯论文"不良导向的若干措施（试行）》的通知。在中共中央办公厅、国务院办公厅《关于进一步加强科研诚信建设的若干意见》中，也明确提出"着力深化科研评价制度改革"。高校在科研诚信建设中的科研评价机制创新，需要遵循国家、各部委的政策文件指导，结合高校自身发展实际，建立公正合理的科研评价体系。

一、将科研诚信纳入各类评价指标

高校应当在人才评价、项目评审、机构评估等各个环节的评价制度中，将科研诚信作为重要的评价指标。科研诚信是科研人员进行科研活动需要遵循的基本要求，是科研人员最基础的行为准则。诚信的科学研究也是高校评价体系中对于科研的最基本要求。人才应当具有诚信的品格。在对人才的评价方面，无论是人才称号评选、职称评审还是评优评先等，都要重点考量人员的诚信情况，对于有科研失信行为记录的人员实行"一票否决"。在高校的项目管理机制中，也要对项目承担人和团队进行考查，如果曾经存在科研失信行为，那么无论是申报上级部门的项目还是校内的项目，都应当采取限制申报的措施。对于在项目研究过程中发现科研失信行为的，应当即时按照程序调查处理，并上报给项目主管部门。对于高校管理的机构的考核评估也应当如此。

在评价政策执行的时候，要注意以下问题：一是要建立高校内部的科研诚信档案。高校的评价体系包括众多评价内容，相应的主管部门较为分散，所以有时存在信息不流畅的问题。如科研管理部门掌握的科研失信行为，学校的人事主管部门却不掌握相关情况，在人才评价的过程中忽略了科研诚信问题，造成评价不公正、不合理。高校通过建立内部的科研诚信档案，实行多部门联动，进行内部信息共享，便于所有职能部门掌握高校科研人员的科研诚信情况，保证科研评价工作的公正性和合理性。二是高校在管理中要摒弃包庇纵容的思想，正确看待科研诚信问题。绝大多数人已经充分认识到学术不端是不光彩的事情，高校作为管理主体，同样不希望曝光科研诚信案件，避免影响高校声誉，这就导致部分高校管理部门对于科研失信行为持欺瞒、包庇的态度。例如，某项成果被所在学院发现科研诚信问题，而这一不端行为并没有引起注意和造成深远影响，上级部门没有对其作出处理，那么其所在学院为了不对自身造成不良影响，就极有可能采取内部教育等方式进行处理，不能按照正规的科研诚信案件相关流程进行处理。这种包庇纵容的管理思想，极大地影响了科研诚信建设，同时也影响了科研评价体系的公正性和合理性。高校的各个部门一定要正确面对科研诚信问题，端正态度，公正处理。

二、采用多元化的评价方法

高校过往的科研评价方法大多较为单一，许多高校将发表 SCI 论文数量作为评价的重要标准。这种单一的评价方法，导致高校的研究人员过分追求发表 SCI 论文，出现了很多急功近利的现象，产生了许多科研诚信问题，突出表现为"论文工厂"盛行、代投代发现象盛行、国际期刊撤稿中国学者论文事件频发等。这些问题的出现不仅极大地影响了科研人员和其所在高校的声誉，而且严重影响了我国的学术声誉。教育部提出的"破五唯"中，第一"唯"就是"论文"，其他四"唯"大多需要论文成果作为支撑，因此建立客观公正的科研成果评价体系，打破"唯论文"的单一化模式，探索多元化的评价方法，是高校科研评价中的重要。

（一）探索分类评价的方法

在科研评价中，分类评价是一种科学合理的评价方法，它根据科研活动、科研人员、学科性质、研究内容等的不同，制定差异化的评价标准和方法，能够避免"一刀切"评价方法带来的弊端，更加公正、合理和准确地反映科研人员的实际水平或科研成果的真实质量。分类评价应当兼顾科学性、客观性、公正性、差异性和可操作性。

1. 科研项目的分类评价

科研项目的种类多种多样。根据项目性质，可以分为纵向项目、横向项目、产学研合作项目等。根据学科类别，可以分为自然类项目和社科类项目等。根据研究性质和任务目标，评价可以分为以下几类：基础研究主要侧重于理论探索，旨在揭示自然现象、社会现象和客观规律的本质和内在联系，对基础研究的评价应重点关注原创性和理论价值；应用研究主要侧重于将研究成果应用于解决社会的实践问题，推动科技进步或产业升级，对应用研究的评价应重点关注其创新性和应用价值，是否能够有效地解决经济社会发展中的问题；开发类的研究主要侧重于将技术和产品成果作实际应用转化，对开发类研究的评价应重点关注其推广性和经济效益。

2. 科研人员的分类评价

科研人员根据不同的年龄、性别、岗位、背景等特点，也应当建立科学合理的分类评价标准。如在国家社科基金的申报中，历来关注对青年人才的培养和扶持，设有青年项目，且资助额度同一般项目一致，同等条件下优先考虑支持青年项目，旨在发挥青年学者优势，激发青年人才科研创新能力和科研热情；在2024年的国家社会科学基金申报中，放宽了对青年项目女性申请人的年龄要求（男性不超过35周岁，女性不超过40周岁），这些都是对于人员分类评价的尝试。高校也应当根据人员的不同情况，探索分类评价指标，充分考虑领军人才、学术带头人、青年学者等不同人员的科研特点，制定科学合理的评价体系。

3. 不同学科的分类评价

自然科学和人文社会科学是两个学科分类，在这两大类学科之下，又有多个不同的小学科分类。学科不同，其在研究范式、研究方法、成果类型、成果数量、研究周期等方面都存在差异，所以应建立针对不同学科的分类评价体系。在以理工科为主的高校，甚至在很多综合性大学中，仍然普遍存在"重理轻文"的现象，在科研评价中对于自然科学研究和人文社会科学研究沿用相同的评价体系，这就出现了不公平的现象。自然科学研究在论文数量、经费额度等方面具有优势，而人文社会科学研究的经费额度较低，成果以专著、论文、咨政报告等为主，且人文社会科学研究发表SCI、核心论文的难度要远远高于自然科学研究。鉴于以上情况，根据不同的学科建立不同的评价标准是十分必要的。

（二）优化代表作评价方法

针对现阶段科研评价中"论文数量至上""SCI至上"的不良导向，《关于进一步加强科研诚信建设的若干意见》明确提出了"注重标志性成果质量、贡献、影响，推行代表作评价制度"。《关于破除科技评价中"唯论文"不良导向的若干措施（试行）》中，也对代表作制度如何在评审评价中的应用进行了说明，特别对代表作数量进行了限制，引导科研人员重点关注精品力作和标志性成果。

代表作评价主要关注成果的质量，其最重要的手段就是同行评议。同行评议是根据各位专家的意见最终形成专家组意见。由于专家的学术背景、主攻方向、个人想法等各不相同，同行评议意见可能会带有主观性，如何确保同行评议意见在科研评价中的客观性、公正性，需要重点做好以下工作：一是要做好评议专家的遴选，确保专家所在学科领域均为"小同行"，这样才能够对成果给予专业的评价；评议专家应当具备相应的专业知识、较高的学术水平和良好的道德修养，能够在评审过程中做到专业、公正、客观。二是同行评议要重点关注成果质量。评议专家要认真阅读、研究待评审成果,不能仅根据成果类型、发表期刊或出版社的水平高低等外在因素就作出主观判断,而是应当客观地对待成果的原创性、创新性以及理论与应用价值,作出公正的评价。

三、采取宽容失败的科研评价措施

对科学研究过程失败的宽容是科学的科研评价体系中不可或缺的一部分。它对于激发科研人员的研究和创新热情、推动科技进步具有重要的意义。科学研究的过程充满了未知数和不确定性,需要科研人员不断地进行探索和发现,在这个过程中,失败是不可避免的。失败的科学研究与不诚信的科学研究是完全不同的概念。失败的科学研究是指按照正常的科学研究流程对科学进行探索,但因为各种原因没有达到预期目标,或预期成果不理想或不正确。因科学研究的失败是科学研究中不可避免的问题,也是科学研究的规律,那么对于失败的宽容态度在科研评价体系中就显得尤为重要。只有营造一个宽松的科研环境,强调对过程的评价,对研究人员的努力给予充分肯定,科研人员才能不轻言放弃,勇于不断尝试新的方法和理论,探索科学的奥秘,激发创新思维。

高校应当在科研评价中建立一定的容错机制,允许项目研究中存在一定比例的失败。对于创新性强、研究风险高而最终失败的项目,给予充分的理解和支持,避免对科研人员和团队过度问责。要着重关注科研失败人员的心理情况,提供必要的支持和帮助;对在科学研究过程中受挫的研究人员,及时予以关心和鼓励,帮助他们重拾信心、不轻言放弃。

四、完善科研评价程序

科研评价需要遵循特定的程序,以确保公正性以及评价结果的客观真实性。现阶段,科研评价中"重结果、轻程序"的现象还普遍存在,很多科研评价对评价结果予以公示公开,但是评价过程的公开性透明性难以保证,使得科研评价的流程规范难以被监督，评价结果的客观公正性难以保证。高校在科研评价中要对科研评价的程序作明确的规定，使评价的过程有据可依、有规可循。

科研评价要关注程序的公正性和合理性。在采用分类评价和同行评议的方法时，要关注方法运用、规则制定和专家选取。如许多高校在对校内人才或项目的评价中，在遴选专家方面往往倾向于校内专家或具有行政职务的领导等。因同属一个工作单位，专家与被评价人或项目负责人常常有许多利益关系，他们在评价中不能完全做到客观公正。高校在评价中应当根据情况确定专家组的构成，采取校内、校外专家相结合的构成方式。在一些项目的评审方面，可以完全选用校外专家组成的专家组。除此之外，评价程序要做到事前、事中保密和事后公开透明。为了防止出现"打招呼"等现象，评审工作的开展应具有保密性。在评审之前和评审过程中，对于评审时间、专家组的构成、评价的标准和程序等都要严格保密，这是确保评审公正性的必然要求。但是现阶段大部分高校在评审结束后，往往只对结果予以公示，对评审过程一笔带过，这就极容易导致评审程序无法得到有效监督。评审既要做好前期周密的保密工作和结束后的存档记录工作，也要注意在事后对程序进行公开，让评审规则、专家组构成、评审结果的产生等接受公众的监督，这既是一种程序上的公正公平，也是对评价组织单位正常工作流程的保护。只有建立起公平公正的科研评价程序，才能确保结果客观公正并被大家接受。

第三节 加强科研诚信监督与惩戒

高校对科研诚信的监督和惩戒是维护良好科研环境、确保科研工作顺利开展的关键举措。现阶段，我国高校对科研诚信监督不到位、对科研失信行为惩戒力度不够，这些都是影响高校科研诚信建设的重要因素。高校通过加强科研诚信的监督工作，能够确保科研活动的规范开展，及时发现存在的问题。通过加大对科研失信行为的惩戒力度，对科研人员产生威慑作用，让他们不敢做出不诚信的科研行为，构建一个风清气正的科研环境。

一、健全科研诚信监督机制

（一）完善内部科研诚信监督政策

高校要形成完善的内部科研诚信监督机制，需通过制定相关政策，对科研诚信监督工作的内容予以明确。科研诚信监督政策一般体现在高校科研诚信相关政策或纪检监察的相关政策文件中。高校制定监督政策时，科研管理部门、纪检监察机关等多个部门之间要注意沟通和协同配合。高校应当设立科研诚信委员会或学术道德委员会，作为科研诚信建设和内部监督的专门机构，同时要明确监督主体责任和工作流程，确保监督工作有章可循、有据可依。

（二）建立科研信息公开制度

科研信息公开是推进高校科研工作透明化的重要手段，是确保科研活动受到公众有效监督的重要途径，能够提升公众对科学研究以及科研管理活动的信任度，有效防范科研失信行为。高校应当在学校内建立科研信息公开机制，对科研项目情况、科研成果情况、科研组织情况、科研平台情况、经费使用情况、科研评价情况、科研奖励情况、科研诚信案件等内容进行公开，以接受广大师生的监督，增加科研失信行为的违规成本，促使科研人员能够在研究过程中按照诚实守信的原则开展科研工作。

在进行科研信息公开时，一定要特别注意把握公开与科研信息安全保护的关系。科学研究中的相关信息是相关领域的重要资料，涉及知识产权，甚至一些重大科研项目或成果还关系到国家的重要科技创新、关键技术、国家重大战略、经济社会发展等关键问题。公开科研项目和科研成果信息时，要注意把握公开的内容，注意保护相关人员、团队、数据和结论的信息安全，防止关键信息被窃取和泄露。

（三）建立多方联动的监督机制

科研诚信监督不能单纯地依靠高校自身进行。针对科研活动的监督，要建立起多级联动、内外结合的监督体系，共同维护高校科研诚信事业的发展。首先，通过建立科研信息公开机制，加强社会舆论监督工作。科研信息的公开使得高校的科学研究活动显露在公众的视野之中，也自然而然地接受了公众的监督。高校应当设立接受举报投诉科研失信行为的畅通渠道，确保社会监督起到作用；还要建立对属实举报的奖励制度，鼓励社会公众积极发现和揭露科研诚信问题；同时，也要建立对虚假举报的应对措施，避免科研管理资源的浪费。其次，在科研诚信监督中要善于运用第三方监督力量。在科学研究和科研评价过程中，积极引入第三方监督机制，如校外专家、第三方监察审计部门等，对科研活动的主体和科研评价的主体进行监督，确保科学研究和科研管理的各个环节合规。最后，要加强同上下级部门的交流联动，共同做好科研诚信的监督工作。高校要加强同科技部、教育部以及科技厅、教育厅等各级科学研究主管部门的沟通与联系，建立信息共享机制；还要加强同二级学院、研究机构的交流协作，共同构建坚实牢固的科研监督体系。

二、加大对科研诚信问题的惩戒力度

对存在科研诚信问题的科研活动，对其进行有效的惩戒是惩前毖后的有效手段。

（一）设立科研诚信惩戒专门机构

高校成立专门的机构对科研诚信案件进行处理，制定惩戒措施，是科研惩戒机制的有效保障。专门机构作为执行主体，对高校的科研诚信案件和学术不端行为进行调查、认定和处理。如前文所述，高校应当建立专门的科研诚信委员会或学术道德委员会，承担科研诚信的管理职责（其中就包括科研诚信惩戒职责），并根据实际情况制定相应的规范和程序，对科研诚信案件进行调查，落实惩戒措施。

（二）明确科研活动的责任主体

在科研诚信惩戒政策的实施过程中，为了保证惩戒的合理性和有效性，防止出现责任不清、处罚对象有偏颇、行为责任划分不清等不合理现象，应当明确科研活动各个环节的责任主体。高校应当对科研活动和科研管理的全过程进行记录，明确每个环节的责任人员并记录在案，在遇到科研诚信问题时，做到有据可查。如在科研项目的研究过程中，项目负责人为该项目的直接责任人，对项目研究的过程进行整体安排与把控，各项目组成员也都承担着各自的任务；项目负责人应当将实验过程、数据信息、调研情况和研究结论等记录在案，在出现科研诚信问题时，能够通过查阅原始记录从而查明哪个环节出了问题。科研管理的全过程也应当明确责任主体，并将管理过程详细记录在案。科研诚信问题同样也暴露出管理存在问题，或者有些是因为管理而直接导致的诚信问题，所以应加强管理记录，明确各个环节的主体责任。这样不仅有利于推进科学研究和加强科研管理工作，还能够在高校出现科研诚信问题时，对责任进行清晰的划分，在采取惩戒措施时，明确被惩戒对象，防止惩戒偏差和不合理。

（三）规范惩戒程序

惩戒程序的科学化、规范化和公正化，是高校处理科研诚信案件水平的重要体现。公正的科研失信行为惩戒程序应当在高校的政策文件中予以明确。只有建立清晰明确的政策规范和标准，让惩戒措施有章可循，才能真正保证惩戒工作切实达到预期目的。近年来，各级政府部门出台的一系列文件都对惩戒程序作了宏观的规定，各高校在制定自身政策时，要将上级文件的精神和要求与自身实际情况相结合，确保惩戒程序的可操作性、规范性和合法性，保证惩戒结果的公正性，真正起到惩前毖后的作用。在惩戒程序中，要关注调查机构的独立性，确保调查取证结果的公正性，避免利益冲突。同时，也要关注调查过程的科学性。科研诚信案件涉及许多科研专业领域方面的知识，调查组中既要有熟知科研诚信相关政策法规的人员，也要有学科专业领域的专家学者，确保调查组成员的科学性。除此之外，要求调查人员本着诚实守信和认真负责的态度，严守职业规范，得出公正的调查处理结果。

（四）注意惩戒过程的权利保护

科研诚信案件从被检举揭发、受理调查到最终认定处理，每个环节都关系到行为人的切身利益。在这一过程中，保障和维护当事人的基本权益是保证程序正义和案件得以顺利处理的基本要求。高校在对科研诚信案件进行处理时，应当注重对当事人权利的保护，充分尊重当事人的知情权、申诉权等基本权利，同时也要注意对当事人的隐私进行保护，遵守程序规范。除了保护当事人的权利外，还要注意保护举报人员的个人信息和隐私。科研监督和惩戒应当鼓励公众积极举报科研失信行为，并保障其利益，不能随意泄露举报人的情况，使公众勇于揭露科研不端行为。

（五）加大惩戒力度

严厉的惩戒措施能够加大科研行为的违规成本，让失信行为人付出巨大的代价，将学术不端的苗头扼杀在萌芽阶段。在许多国家，科研失信行为受到的处罚十分严厉，行为人面对的将是多年内不得从事科研活动甚至被逐出学术圈的制裁。相比之下，我国的科研失信行为惩戒力度还远远不够，科研人员失信行为的违规成本和代价不大，这是科研失信行为盛行的主要原因之一。现阶段，我国公布公开的科研诚信案件中，失信行为人大多受到的惩戒较为轻微，处理结果也往往不公开。除此之外，惩戒在多主体之间进行，各主体之间信息不能实现共享，惩戒措施不能串联互通，没有形成多级多部门协同的惩戒机制。高校首先应当正确对待内部发生的科研诚信案件，不能持纵容包庇的态度，要依照规定进行严肃处理和公开结果。另外，要建立多主体联动机制和科研诚信档案制度。例如，在一个科研项目研究过程中，主管部门发现行为人存在科研失信行为，则该行为人在申报其他各类科研项目时都应当受到限制，高校也应对行为人作出相应处理，实现信息互通和联合惩戒，构建良好的科研生态。

第四节 健全科研诚信教育体系

高校科研诚信建设并不是以惩戒为目的的，而是要营造一个风清气正的科研环境，让所有的科研人员都能够遵守学术道德规范，进行诚信的科学研究，推动高校乃至我国的科学技术发展和科研创新。科研诚信和学术道德不仅需要外在机制作为保障，更需要内化为所有科研人员的价值观念，这就离不开科研诚信教育的正确引导。只有真正将科研诚信的观念融入高校的校园文化中去，才能有效预防科研诚信问题的发生，营造良好的学术环境。现阶段，我国对于科研诚信的教育重视程度还不够，科研诚信教育体系亟待完善。

一、建立科研诚信培训常态化机制

现阶段，我国高校无论是对于学生的教育还是对新入职教师的教育，都缺乏科研诚信相关的培训。高校往往关注培养学生的专业知识和科研能力，而忽视了其道德水平。科研诚信教育的缺失可能导致科研人员的道德水平不高，科研诚信意识不强，从而导致了科研诚信问题的发生。加强科研诚信教育，首先需要高校将其纳入培训课程体系，让所有师生接受科研诚信培训教育。

根据培训对象的不同，高校的科研诚信培训课程可以从以下几个方面开展：一是对于新入职教师的培训。新入职教师是高校科学研究的新鲜血液和后续力量，在重视对其科研能力进行培养的同时，更要强调科研诚信和学术道德的重要性。要将科研诚信课程作为教师入职培训的必修课程，并在课程结束后进行考核；要科学设置培训课程和考核试题，将考核结果与教师能否顺利入职挂钩。二是定期开展全体科研人员的诚信培训。高校应当于每个学期对所有的科研人员开展科研诚信培训，强化教师和科研人员的诚信意识。由于高校中的科研人员往往是教师或其他研究人员，有教学、行政等工作任务，开展集中授课在实际执行中难以实现。高校可以探索多元化的培训方式，采取线上课程的形式开展科研诚信教育，要求科研人员在规定时间内完成科研诚信课程的学习，并通过答题等形式进行考核，考核结果与教师的其他考核、奖励、评优等挂钩。三是针对研究生开设科研诚信必修课。高校研究生作为科研活动重要的参与者和未来科研领域的后备力量，他们的科研诚信意识和行为对于整个科研生态的健康发展都具有很重要的影响。将科研诚信教育纳入高校研究生培养的必修课程，以课堂为引领，强化研究生的科研诚信意识，使其树立正确的科研道德观和诚信观，为他们的科学研究奠定坚实的基础。四是对本科生开展科研诚信教育。本科生作为科研活动的初学者和未来科研队伍的储备力量，他们的诚信观对于个人成长以及整个社会的学术风气都十分重要。即使本科毕业后不从事科学研究相关的工作，他们也会在其他工作岗位上形成良好的诚信意识，有助于维护整个社会的良好风气。

二、丰富科研诚信教育的内容和方法

现阶段，我国开展的科研诚信教育往往流于形式，教育的内容和方法较为单一，没有形成常态化教育机制。高校应当高度重视科研诚信教育工作，完善科研诚信教育内容，丰富科研诚信教育手段，以保证教育效果。

（一）完善科研诚信教育内容

开展科研诚信教育，应当包含以下几个方面的内容：一是深化科研诚信理论教育。学习各部门出台的科研诚信政策法规，其中既包括国家层面的法律政策，如刑法、民法、知识产权法的相关规定，也包括各级政府部门的科研诚信政策，还包括高校内部的管理办法，做到对政策的精准把握，明确科研诚信的法律边界和政策红线。二是学术道德规范教育。学术道德是研究人员在科研过程中应当遵守的基本行为准则。在科研诚信教育中，要对学术道德的基本规范作明确且详细的阐释，包括诚信、公开、公正、尊重、严谨、保护知识产权等规范，确保研究人员能够按照规范进行科研活动。三是典型案例教育。通过组织学习科研失信行为典型案例，特别是这些案例的行为类型、对这些行为的处理等，揭示科研失信和学术不端的危害，以案释法、以案明规，结合案例对科研人员进行警示教育，增强其学术道德观念和自律意识。四是跨学科诚信教育。可以将科研诚信教育与伦理学、法学、社会学等相关学科相结合，开展跨学科教育，拓宽科研人员关于科研诚信的理论知识面，提高综合素质和道德水平。

（二）创新科研诚信教育方法

我国高校在近年来开展的科研诚信教育实践中，已经对于教育方法开展了丰富的探索尝试，包括课堂教育、线上教育、宣传教育等，但是许多教育形式和方法仍然没有普及和有效应用。科研诚信教育如果要达到良好的效果，必须借助多元化的教育方法。

1. 线上线下相结合的课堂教育

课堂教育的运用是科研诚信教育的必要手段。如前文所述，对于科研诚信的教育应当建立培训课程常态化机制。培训课程的开展可以通过线上线下相结合的方式。线下的面授课程能够加强受教育者与培训教师的互动，更好地确保教育效果；线上的课程则更具有灵活性，对时间和空间没有过多的限制，可邀请校外知名专家授课。采取线上课堂教育方式，既能摆脱空间的局限，如可定期邀请校外知名专家讲授，又能保证参加培训的人数。因此，线上线下相结合的教育方式，应当在科研诚信教育中广泛普及。

2. 开展科研诚信日常宣传

在日常工作中，对于科研诚信的宣传是建设诚信教育长效机制的重要手段。加强科研诚信的日常宣传，对于营造良好的科研环境、使诚信意识深入人心具有重要的作用。高校应当加强科研诚信的日常宣传工作，设立专门的科研诚信网站，详细介绍科研诚信相关政策文件、科研失信行为的界定、学术不端的案例和危害、优良学风的典范事迹等等，及时更新相关信息，将宣传教育融入高校的工作日常。加强对于学风建设和弘扬科学道德的正面宣传，利用学校媒体，如电视台、官网、官微、公众号等形式，大力宣传先进典型事例，树立模范标兵，弘扬优良师风学风，营造良好的学术氛围。定期开展主题宣传，以在高校人员流动密集的场所设置展板、标语等形式进行科研诚信教育。高校还可以通过编印发放《科研诚信手册》《学术研究指南》等形式，对科研诚信内容加以宣传。

3. 丰富科研诚信实践活动

科研诚信教育要创新方式方法，以传统教育模式同创新模式相结合的形式，使科研诚信内容更加深入人心。传统的科研诚信教育，如必修课、知识讲座等，往往是硬性教育，科研人员自主接受教育的意识不强，学习的效果也可能会大打折扣。高校可以通过开展趣味性高、互动性强的科研诚信教育活动，提高广大师生参与的积极性。例如，开展作品展，以绘画、摄影、短片、文艺作品等创作形式呈现宣传科研诚信的作品，予以展出；或开展趣味问答、排练情境剧场小品等，增加趣味性和提高师生的参与度。

三、营造良好的校园文化

高校不仅是培养学生专业知识的场所，更是塑造学生良好品德、培养全方位人才的摇篮。校园文化作为学校多年积淀形成的一种精神风貌，是高校校风、学风的集中体现。高校的校园文化能够对所处其中的人们产生深远的影响，它以潜移默化的形式渗透进师生的思想，外化为行为表现。良好的校园文化能够充分发挥塑造师生优秀素质品格的作用，正确引导和教育其诚实守信、求真务实、开拓创新、勇于探索。师德师风建设是校园文化建设的重要内容。高校教师是知识和文化的传播者和塑造者，加强师德师风建设对于提高教师道德素养和教学水平、为学生树立良好的榜样具有重要作用。师德师风中的一项重要内容就是教师的科研诚信。除此之外，和谐的校园环境、中华优秀传统文化的传承与创新、丰富的校园文化活动等，都是校园文化建设的重要内容。高校应当充分重视校园文化建设，营造崇尚诚信、抵制学术不端的良好氛围，弘扬诚信这一传统美德，强化学术责任意识，提高师生的科研诚信素养。营造开放包容的学术环境，使科研人员在自由、平等、互信的学术环境中充分交流学术思想、分享研究成果，从而促进科学研究的创新和发展。

附　录

中共中央办公厅 国务院办公厅印发《关于进一步加强科研诚信建设的若干意见》

（新华社，2018年5月30日）

新华社北京5月30日电　近日，中共中央办公厅、国务院办公厅印发了《关于进一步加强科研诚信建设的若干意见》，并发出通知，要求各地区各部门结合实际认真贯彻落实。

《关于进一步加强科研诚信建设的若干意见》全文如下。

科研诚信是科技创新的基石。近年来，我国科研诚信建设在工作机制、制度规范、教育引导、监督惩戒等方面取得了显著成效，但整体上仍存在短板和薄弱环节，违背科研诚信要求的行为时有发生。为全面贯彻党的十九大精神，培育和践行社会主义核心价值观，弘扬科学精神，倡导创新文化，加快建设创新型国家，现就进一步加强科研诚信建设、营造诚实守信的良好科研环境提出以下意见。

一、总体要求

（一）指导思想。全面贯彻党的十九大和十九届二中、三中全会精神，以习近平新时代中国特色社会主义思想为指导，落实党中央、国务院关于社会信用体系建设的总体要求，以优化科技创新环境为目标，以推进科研诚信建设制度化为重点，以健全完善科研诚信工作机制为保障，坚持预防与惩治并举，坚持自律与监督并重，坚持无禁区、全覆盖、零容忍，严肃查处违背科研诚信要求的行为，着力打造共建共享共治的科研诚信建设新格局，营造诚实守信、追求真理、崇尚创新、鼓励探索、勇攀高峰的良好氛围，为建设世界科技强国奠定坚实的社会文化基础。

（二）基本原则

——明确责任，协调有序。加强顶层设计、统筹协调，明确科研诚信建设各主体职责，加强部门沟通、协同、联动，形成全社会推进科研诚信建设合力。

——系统推进，重点突破。构建符合科研规律、适应建设世界科技强国要求的科研诚信体系。坚持问题导向，重点在实践养成、调查处理等方面实现突破，在提高诚信意识、优化科研环境等方面取得实效。

——激励创新，宽容失败。充分尊重科学研究灵感瞬间性、方式多样性、路径不确定性的特点，重视科研试错探索的价值，建立鼓励创新、宽容失败的容错纠错机制，形成敢为人先、勇于探索的科研氛围。

——坚守底线，终身追责。综合采取教育引导、合同约定、社会监督等多种方式，营造坚守底线、严格自律的制度环境和社会氛围，让守信者一路绿灯，失信者处处受限。坚持零容忍，强化责任追究，对严重违背科研诚信要求的行为依法依规终身追责。

（三）主要目标。在各方共同努力下，科学规范、激励有效、惩处有力的科研诚信制度规则健全完备，职责清晰、协调有序、监管到位的科研诚信工作机制有效运行，覆盖全面、共享联动、动态管理的科研诚信信息系统建立完善，广大科研人员的诚信意识显著增强，弘扬科学精神、恪守诚信规范成为科技界的共同理念和自觉行动，全社会的诚信基础和创新生态持续巩固发展，为建设创新型国家和世界科技强国奠定坚实基础，为把我国建成富强民主文明和谐美丽的社会主义现代化强国提供重要支撑。

二、完善科研诚信管理工作机制和责任体系

（四）建立健全职责明确、高效协同的科研诚信管理体系。科技部、中国社科院分别负责自然科学领域和哲学社会科学领域科研诚信工作的统筹协调和宏观指导。地方各级政府和相关行业主管部门要积极采取措施加强本地区本系统的科研诚信建设，充实工作力量，强化工作保障。科技计划管理部门要加强科技计划的科研诚信管理，建立健全以诚信为基础的科技计划监管机制，将科研诚信要求融入科技计划管理全过程。教育、卫生健康、新闻出版等部门要明确要求教育、医疗、学术期刊出版等单位完善内控制度，加强科研诚信建设。中国科学院、中国工程院、中国科协要强化对院士的科研诚信要求和监督管理，加强院士推荐（提名）的诚信审核。

（五）从事科研活动及参与科技管理服务的各类机构要切实履行科研诚信建设的主体责任。从事科研活动的各类企业、事业单位、社会组织等是科研诚信建设第一责任主体，要对加强科研诚信建设作出具体安排，将科研诚信工作纳入常态化管理。通过单位章程、员工行为规范、岗位说明书等内部规章制度及聘用合同，对本单位员工遵守科研诚信要求及责任追究作出明确规定或约定。

科研机构、高等学校要通过单位章程或制定学术委员会章程，对学术委员会科研诚信工作任务、职责权限作出明确规定，并在工作经费、办事机构、专职人员等方面提供必要保障。学术委员会要认真履行科研诚信建设职责，切实发挥审议、评定、受理、调查、监督、咨询等作用，对违背科研诚信要求的行为，发现一起，查处一起。学术委员会要组织开展或委托基层学术组织、第三方机构对本单位科研人员的重要学术论文等科研成果进行全覆盖核查，核查工作应以3—5年为周期持续开展。

科技计划（专项、基金等）项目管理专业机构要严格按照科研诚信要求，加强立项评审、项目管理、验收评估等科技计划全过程和项目承担单位、评

审专家等科技计划各类主体的科研诚信管理，对违背科研诚信要求的行为要严肃查处。

从事科技评估、科技咨询、科技成果转化、科技企业孵化和科研经费审计等的科技中介服务机构要严格遵守行业规范，强化诚信管理，自觉接受监督。

（六）学会、协会、研究会等社会团体要发挥自律自净功能。学会、协会、研究会等社会团体要主动发挥作用，在各自领域积极开展科研活动行为规范制定、诚信教育引导、诚信案件调查认定、科研诚信理论研究等工作，实现自我规范、自我管理、自我净化。

（七）从事科研活动和参与科技管理服务的各类人员要坚守底线、严格自律。科研人员要恪守科学道德准则，遵守科研活动规范，践行科研诚信要求，不得抄袭、剽窃他人科研成果或者伪造、篡改研究数据、研究结论；不得购买、代写、代投论文，虚构同行评议专家及评议意见；不得违反论文署名规范，擅自标注或虚假标注获得科技计划（专项、基金等）等资助；不得弄虚作假，骗取科技计划（专项、基金等）项目、科研经费以及奖励、荣誉等；不得有其他违背科研诚信要求的行为。

项目（课题）负责人、研究生导师等要充分发挥言传身教作用，加强对项目（课题）成员、学生的科研诚信管理，对重要论文等科研成果的署名、研究数据真实性、实验可重复性等进行诚信审核和学术把关。院士等杰出高级专家要在科研诚信建设中发挥示范带动作用，做遵守科研道德的模范和表率。

评审专家、咨询专家、评估人员、经费审计人员等要忠于职守，严格遵守科研诚信要求和职业道德，按照有关规定、程序和办法，实事求是，独立、客观、公正开展工作，为科技管理决策提供负责任、高质量的咨询评审意见。科技管理人员要正确履行管理、指导、监督职责，全面落实科研诚信要求。

三、加强科研活动全流程诚信管理

（八）加强科技计划全过程的科研诚信管理。科技计划管理部门要修改完善各级各类科技计划项目管理制度，将科研诚信建设要求落实到项目指南、立项评审、过程管理、结题验收和监督评估等科技计划管理全过程。要在各类科研合同（任务书、协议等）中约定科研诚信义务和违约责任追究条款，加强科研诚信合同管理。完善科技计划监督检查机制，加强对相关责任主体科研诚信履责情况的经常性检查。

（九）全面实施科研诚信承诺制。相关行业主管部门、项目管理专业机构等要在科技计划项目、创新基地、院士增选、科技奖励、重大人才工程等工作中实施科研诚信承诺制度，要求从事推荐（提名）、申报、评审、评估等工作的相关人员签署科研诚信承诺书，明确承诺事项和违背承诺的处理要求。

（十）强化科研诚信审核。科技计划管理部门、项目管理专业机构要对科技计划项目申请人开展科研诚信审核，将具备良好的科研诚信状况作为参与各类科技计划的必备条件。对严重违背科研诚信要求的责任者，实行"一票否决"。相关行业主管部门要将科研诚信审核作为院士增选、科技奖励、职称评定、学位授予等工作的必经程序。

（十一）建立健全学术论文等科研成果管理制度。科技计划管理部门、项目管理专业机构要加强对科技计划成果质量、效益、影响的评估。从事科学研究活动的企业、事业单位、社会组织等应加强科研成果管理，建立学术论文发表诚信承诺制度、科研过程可追溯制度、科研成果检查和报告制度等成果管理制度。学术论文等科研成果存在违背科研诚信要求情形的，应对相应责任人严肃处理并要求其采取撤回论文等措施，消除不良影响。

（十二）着力深化科研评价制度改革。推进项目评审、人才评价、机构评估改革，建立以科技创新质量、贡献、绩效为导向的分类评价制度，将科研诚信状况作为各类评价的重要指标，提倡严谨治学，反对急功近利。坚持分类评价，突出品德、能力、业绩导向，注重标志性成果质量、贡献、影响，推行代表作评价制度，不把论文、专利、荣誉性头衔、承担项目、获奖等情况作为限制性条件，防止简单量化、重数量轻质量、"一刀切"等倾向。尊重科学研究规律，合理设定评价周期，建立重大科学研究长周期考核机制。开展临床医学研究人员评价改革试点，建立设置合理、评价科学、管理规范、运转协调、服务全面的临床医学研究人员考核评价体系。

四、进一步推进科研诚信制度化建设

（十三）完善科研诚信管理制度。科技部、中国社科院要会同相关单位加强科研诚信制度建设，完善教育宣传、诚信案件调查处理、信息采集、分类评价等管理制度。从事科学研究的企业、事业单位、社会组织等应建立健全本单位教育预防、科研活动记录、科研档案保存等各项制度，明晰责任主体，完善内部监督约束机制。

（十四）完善违背科研诚信要求行为的调查处理规则。科技部、中国社科院要会同教育部、国家卫生健康委、中国科学院、中国科协等部门和单位依法依规研究制定统一的调查处理规则，对举报受理、调查程序、职责分工、处理尺度、申诉、实名举报人及被举报人保护等作出明确规定。从事科学研究的企业、事业单位、社会组织等应制定本单位的调查处理办法，明确调查程序、处理规则、处理措施等具体要求。

（十五）建立健全学术期刊管理和预警制度。新闻出版等部门要完善期刊管理制度，采取有效措施，加强高水平学术期刊建设，强化学术水平和社会效益优先要求，提升我国学术期刊影响力，提高学术期刊国际话语权。学术期刊应充分发挥在科研诚信建设中的作用，切实提高审稿质量，加强对学术论文的审核把关。

科技部要建立学术期刊预警机制，支持相关机构发布国内和国际学术期刊预警名单，并实行动态跟踪、及时调整。将罔顾学术质量、管理混乱、商业利益至上，造成恶劣影响的学术期刊，列入黑名单。论文作者所在单位应加强对本单位科研人员发表论文的管理，对在列入预警名单的学术期刊上发表论文的科研人员，要及时警示提醒；对在列入黑名单的学术期刊上发表的论文，在各类评审评价中不予认可，不得报销论文发表的相关费用。

五、切实加强科研诚信的教育和宣传

（十六）加强科研诚信教育。从事科学研究的企业、事业单位、社会组织应将科研诚信工作纳入日常管理，加强对科研人员、教师、青年学生等的科研诚信教育，在入学入职、职称晋升、参与科技计划项目等重要节点必须开展科研诚信教育。对在科研诚信方面存在倾向性、苗头性问题的人员，所在单位应当及时开展科研诚信诚勉谈话，加强教育。

科技计划管理部门、项目管理专业机构以及项目承担单位，应当结合科技计划组织实施的特点，对承担或参与科技计划项目的科研人员有效开展科研诚信教育。

（十七）充分发挥学会、协会、研究会等社会团体的教育培训作用。学会、协会、研究会等社会团体要主动加强科研诚信教育培训工作，帮助科研人员熟悉和掌握科研诚信具体要求，引导科研人员自觉抵制弄虚作假、欺诈剽窃等行为，开展负责任的科学研究。

（十八）加强科研诚信宣传。创新手段，拓宽渠道，充分利用广播电视、报纸杂志等传统媒体及微博、微信、手机客户端等新媒体，加强科研诚信宣传教育。大力宣传科研诚信典范榜样，发挥典型人物示范作用。及时曝光违背科研诚信要求的典型案例，开展警示教育。

六、严肃查处严重违背科研诚信要求的行为

（十九）切实履行调查处理责任。自然科学论文造假监管由科技部负责，哲学社会科学论文造假监管由中国社科院负责。科技部、中国社科院要明确相关机构负责科研诚信工作，做好受理举报、核查事实、日常监管等工作，建立跨部门联合调查机制，组织开展对科研诚信重大案件联合调查。违背科研诚信要求行为人所在单位是调查处理第一责任主体，应当明确本单位科研诚信机构和监察审计机构等调查处理职责分工，积极主动、公正公平开展调查处理。相关行业主管部门应按照职责权限和隶属关系，加强指导和及时督促，坚持学术、行政两条线，注重发挥学会、协会、研究会等社会团体作用。对从事学术论文买卖、代写代投以及伪造、虚构、篡改研究数据等违法违规活动的中介服务机构，市场监督管理、公安等部门应主动开展调查，严肃惩处。保障相关责任主体申诉权等合法权利，事实认定和处理决定应履行对当事人的告知义务，依法依规及时公布处理结果。科研人员应当积极配合调查，

及时提供完整有效的科学研究记录，对拒不配合调查、隐匿销毁研究记录的，要从重处理。对捏造事实、诬告陷害的，要依据有关规定严肃处理；对举报不实、给被举报单位和个人造成严重影响的，要及时澄清、消除影响。

（二十）严厉打击严重违背科研诚信要求的行为。坚持零容忍，保持对严重违背科研诚信要求行为严厉打击的高压态势，严肃责任追究。建立终身追究制度，依法依规对严重违背科研诚信要求行为实行终身追究，一经发现，随时调查处理。积极开展对严重违背科研诚信要求行为的刑事规制理论研究，推动立法、司法部门适时出台相应刑事制裁措施。

相关行业主管部门或严重违背科研诚信要求责任人所在单位要区分不同情况，对责任人给予科研诚信诫勉谈话；取消项目立项资格，撤销已获资助项目或终止项目合同，追回科研项目经费；撤销获得的奖励、荣誉称号，追回奖金；依法开除学籍，撤销学位、教师资格，收回医师执业证书等；一定期限直至终身取消晋升职务职称、申报科技计划项目、担任评审评估专家、被提名为院士候选人等资格；依法依规解除劳动合同、聘用合同；终身禁止在政府举办的学校、医院、科研机构等从事教学、科研工作等处罚，以及记入科研诚信严重失信行为数据库或列入观察名单等其他处理。严重违背科研诚信要求责任人属于公职人员的，依法依规给予处分；属于党员的，依纪依规给予党纪处分。涉嫌存在诈骗、贪污科研经费等违法犯罪行为的，依法移交监察、司法机关处理。

对包庇、纵容甚至骗取各类财政资助项目或奖励的单位，有关主管部门要给予约谈主要负责人、停拨或核减经费、记入科研诚信严重失信行为数据库、移送司法机关等处理。

（二十一）开展联合惩戒。加强科研诚信信息跨部门跨区域共享共用，依法依规对严重违背科研诚信要求责任人采取联合惩戒措施。推动各级各类科技计划统一处理规则，对相关处理结果互认。将科研诚信状况与学籍管理、学历学位授予、科研项目立项、专业技术职务评聘、岗位聘用、评选表彰、院士增选、人才基地评审等挂钩。推动在行政许可、公共采购、评先创优、金融支持、资质等级评定、纳税信用评价等工作中将科研诚信状况作为重要参考。

七、加快推进科研诚信信息化建设

（二十二）建立完善科研诚信信息系统。科技部会同中国社科院建立完善覆盖全国的自然科学和哲学社会科学科研诚信信息系统，对科研人员、相关机构、组织等的科研诚信状况进行记录。研究拟订科学合理、适用不同类型科研活动和对象特点的科研诚信评价指标、方法模型，明确评价方式、周期、程序等内容。重点对参与科技计划（项目）组织管理或实施、科技统计等科技活动的项目承担人员、咨询评审专家，以及项目管理专业机构、项目承担单位、中介服务机构等相关责任主体开展诚信评价。

（二十三）规范科研诚信信息管理。建立健全科研诚信信息采集、记录、评价、应用等管理制度，明确实施主体、程序、要求。根据不同责任主体的特点，制定面向不同类型科技活动的科研诚信信息目录，明确信息类别和管理流程，规范信息采集的范围、内容、方式和信息应用等。

（二十四）加强科研诚信信息共享应用。逐步推动科研诚信信息系统与全国信用信息共享平台、地方科研诚信信息系统互联互通，分阶段分权限实现信息共享，为实现跨部门跨地区联合惩戒提供支撑。

八、保障措施

（二十五）加强党对科研诚信建设工作的领导。各级党委（党组）要高度重视科研诚信建设，切实加强领导，明确任务，细化分工，扎实推进。有关部门、地方应整合现有科研保障措施，建立科研诚信建设目标责任制，明确任务分工，细化目标责任，明确完成时间。科技部要建立科研诚信建设情况督查和通报制度，对工作取得明显成效的地方、部门和机构进行表彰；对措施不得力、工作不落实的，予以通报批评，督促整改。

（二十六）发挥社会监督和舆论引导作用。充分发挥社会公众、新闻媒体等对科研诚信建设的监督作用。畅通举报渠道，鼓励对违背科研诚信要求的行为进行负责任实名举报。新闻媒体要加强对科研诚信正面引导。对社会舆论广泛关注的科研诚信事件，当事人所在单位和行业主管部门要及时采取措施调查处理，及时公布调查处理结果。

（二十七）加强监测评估。开展科研诚信建设情况动态监测和第三方评估，监测和评估结果作为改进完善相关工作的重要基础以及科研事业单位绩效评价、企业享受政府资助等的重要依据。对重大科研诚信事件及时开展跟踪监测和分析。定期发布中国科研诚信状况报告。

（二十八）积极开展国际交流合作。积极开展与相关国家、国际组织等的交流合作，加强对科技发展带来的科研诚信建设新情况新问题研究，共同完善国际科研规范，有效应对跨国跨地区科研诚信案件。

中共中央办公厅 国务院办公厅印发《关于进一步弘扬科学家精神加强作风和学风建设的意见》

（新华社，2019 年 6 月 11 日）

近日，中共中央办公厅、国务院办公厅印发了《关于进一步弘扬科学家精神加强作风和学风建设的意见》，并发出通知，要求各地区各部门结合实际认真贯彻落实。

《关于进一步弘扬科学家精神加强作风和学风建设的意见》全文如下。

为激励和引导广大科技工作者追求真理、勇攀高峰，树立科技界广泛认可、共同遵循的价值理念，加快培育促进科技事业健康发展的强大精神动力，在全社会营造尊重科学、尊重人才的良好氛围，现提出如下意见。

一、总体要求

（一）指导思想。以习近平新时代中国特色社会主义思想为指导，全面贯彻党的十九大和十九届二中、三中全会精神，以塑形铸魂科学家精神为抓手，切实加强作风和学风建设，积极营造良好科研生态和舆论氛围，引导广大科技工作者紧密团结在以习近平同志为核心的党中央周围，增强"四个意识"，坚定"四个自信"，做到"两个维护"，在践行社会主义核心价值观中走在前列，争做重大科研成果的创造者、建设科技强国的奉献者、崇高思想品格的践行者、良好社会风尚的引领者，为实现"两个一百年"奋斗目标、实现中华民族伟大复兴的中国梦作出更大贡献。

（二）基本原则。坚持党的领导，提高政治站位，强化政治引领，把党的领导贯穿到科技工作全过程，筑牢科技界共同思想基础。坚持价值引领，把握主基调，唱响主旋律，弘扬家国情怀、担当作风、奉献精神，发挥示范带动作用。坚持改革创新，大胆突破不符合科技创新规律和人才成长规律的制度藩篱，营造良好学术生态，激发全社会创新创造活力。坚持久久为功，汇聚党政部门、群团组织、高校院所、企业和媒体等各方力量，推动作风和学风建设常态化、制度化，为科技工作者潜心科研、拼搏创新提供良好政策保障和舆论环境。

（三）主要目标。力争1年内转变作风改进学风的各项治理措施得到全面实施，3年内取得作风学风实质性改观，科技创新生态不断优化，学术道德建设得到显著加强，新时代科学家精神得到大力弘扬，在全社会形成尊重知识、崇尚创新、尊重人才、热爱科学、献身科学的浓厚氛围，为建设世界科技强国汇聚磅礴力量。

二、自觉践行、大力弘扬新时代科学家精神

（四）大力弘扬胸怀祖国、服务人民的爱国精神。继承和发扬老一代科学家艰苦奋斗、科学报国的优秀品质，弘扬"两弹一星"精神，坚持国家利益和人民利益至上，以支撑服务社会主义现代化强国建设为己任，着力攻克事关国家安全、经济发展、生态保护、民生改善的基础前沿难题和核心关键技术。

（五）大力弘扬勇攀高峰、敢为人先的创新精神。坚定敢为天下先的自信和勇气，面向世界科技前沿，面向国民经济主战场，面向国家重大战略需求，抢占科技竞争和未来发展制高点。敢于提出新理论、开辟新领域、探寻新路

径，不畏挫折、敢于试错，在独创独有上下功夫，在解决受制于人的重大瓶颈问题上强化担当作为。

（六）大力弘扬追求真理、严谨治学的求实精神。把热爱科学、探求真理作为毕生追求，始终保持对科学的好奇心。坚持解放思想、独立思辨、理性质疑，大胆假设、认真求证，不迷信学术权威。坚持立德为先、诚信为本，在践行社会主义核心价值观、引领社会良好风尚中率先垂范。

（七）大力弘扬淡泊名利、潜心研究的奉献精神。静心笃志、心无旁骛、力戒浮躁，甘坐"冷板凳"，肯下"数十年磨一剑"的苦功夫。反对盲目追逐热点，不随意变换研究方向，坚决摒弃拜金主义。从事基础研究，要瞄准世界一流，敢于在世界舞台上与同行对话；从事应用研究，要突出解决实际问题，力争实现关键核心技术自主可控。

（八）大力弘扬集智攻关、团结协作的协同精神。强化跨界融合思维，倡导团队精神，建立协同攻关、跨界协作机制。坚持全球视野，加强国际合作，秉持互利共赢理念，为推动科技进步、构建人类命运共同体贡献中国智慧。

（九）大力弘扬甘为人梯、奖掖后学的育人精神。坚决破除论资排辈的陈旧观念，打破各种利益纽带和裙带关系，善于发现培养青年科技人才，敢于放手、支持其在重大科研任务中"挑大梁"，甘做致力提携后学的"铺路石"和领路人。

三、加强作风和学风建设，营造风清气正的科研环境

（十）崇尚学术民主。鼓励不同学术观点交流碰撞，倡导严肃认真的学术讨论和评论，排除地位影响和利益干扰。开展学术批评要开诚布公，多提建设性意见，反对人身攻击。尊重他人学术话语权，反对门户偏见和"学阀"作风，不得利用行政职务或学术地位压制不同学术观点。鼓励年轻人大胆提出自己的学术观点，积极与学术权威交流对话。

（十一）坚守诚信底线。科研诚信是科技工作者的生命。高等学校、科研机构和企业等要把教育引导和制度约束结合起来，主动发现、严肃查处违背科研诚信要求的行为，并视情节追回责任人所获利益，按程序记入科研诚

信严重失信行为数据库，实行"零容忍"，在晋升使用、表彰奖励、参与项目等方面"一票否决"。科研项目承担者要树立"红线"意识，严格履行科研合同义务，严禁违规将科研任务转包、分包他人，严禁随意降低目标任务和约定要求，严禁以项目实施周期外或不相关成果充抵交差。严守科研伦理规范，守住学术道德底线，按照对科研成果的创造性贡献大小据实署名和排序，反对无实质学术贡献者"挂名"，导师、科研项目负责人不得在成果署名、知识产权归属等方面侵占学生、团队成员的合法权益。对已发布的研究成果中确实存在错误和失误的，责任方要以适当方式予以公开和承认。不参加自己不熟悉领域的咨询评审活动，不在情况不掌握、内容不了解的意见建议上署名签字。压紧压实监督管理责任，有关主管部门和高等学校、科研机构、企业等单位要建立健全科研诚信审核、科研伦理审查等有关制度和信息公开、举报投诉、通报曝光等工作机制。对违反项目申报实施、经费使用、评审评价等规定，违背科研诚信、科研伦理要求的，要敢于揭短亮丑，不迁就、不包庇，严肃查处、公开曝光。

（十二）反对浮夸浮躁、投机取巧。深入科研一线，掌握一手资料，不人为夸大研究基础和学术价值，未经科学验证的现象和观点，不得向公众传播。论文等科研成果发表后1个月内，要将所涉及的实验记录、实验数据等原始数据资料交所在单位统一管理、留存备查。参与国家科技计划（专项、基金等）项目的科研人员要保证有足够时间投入研究工作，承担国家关键领域核心技术攻关任务的团队负责人要全时全职投入攻关任务。科研人员同期主持和主要参与的国家科技计划（专项、基金等）项目（课题）数原则上不得超过2项，高等学校、科研机构领导人员和企业负责人作为项目（课题）负责人同期主持的不得超过1项。每名未退休院士受聘的院士工作站不超过1个、退休院士不超过3个，院士在每个工作站全职工作时间每年不少于3个月。国家人才计划入选者、重大科研项目负责人在聘期内或项目执行期内擅自变更工作单位，造成重大损失、恶劣影响的要按规定承担相应责任。兼职要与本人研究专业相关，杜绝无实质性工作内容的各种兼职和挂名。高等学校、科研机构和企业要加强对本单位科研人员的学术管理，对短期内发表多篇论文、取得多项专利等成果的，要开展实证核验，加强核实核查。科研人员公布突破性科技成果和重大科研进展应当经所在单位同意，推广转化科技成果不得故意夸大技术价值和经济社会效益，不得隐瞒技术风险，要经得起同行评、用户用、市场认。

（十三）反对科研领域"圈子"文化。要以"功成不必在我"的胸襟，打破相互封锁、彼此封闭的门户倾向，防止和反对科研领域的"圈子"文化，破除各种利益纽带和人身依附关系。抵制各种人情评审，在科技项目、奖励、人才计划和院士增选等各种评审活动中不得"打招呼"、"走关系"，不得投感情票、单位票、利益票，一经发现这类行为，立即取消参评、评审等资格。院士等高层次专家要带头打破壁垒，树立跨界融合思维，在科研实践中多做传帮带，善于发现、培养青年科研人员，在引领社会风气上发挥表率作用。要身体力行、言传身教，积极履行社会责任，主动走近大中小学生，传播爱国奉献的价值理念，开展科普活动，引领更多青少年投身科技事业。

四、加快转变政府职能，构建良好科研生态

（十四）深化科技管理体制机制改革。政府部门要抓战略、抓规划、抓政策、抓服务，树立宏观思维，倡导专业精神，减少对科研活动的微观管理和直接干预，切实把工作重点转到制定政策、创造环境、为科研人员和企业提供优质高效服务上。坚持刀刃向内，深化科研领域政府职能转变和"放管服"改革，建立信任为前提、诚信为底线的科研管理机制，赋予科技领军人才更大的技术路线决策权、经费支配权、资源调动权。优化项目形成和资源配置方式，根据不同科学研究活动的特点建立稳定支持、竞争申报、定向委托等资源配置方式，合理控制项目数量和规模，避免"打包"、"拼盘"、任务发散等问题。建立健全重大科研项目科学决策、民主决策机制，确定重大创新方向要围绕国家战略和重大需求，广泛征求科技界、产业界等意见。对涉及国家安全、重大公共利益或社会公众切身利益的，应充分开展前期论证评估。建立完善分层分级责任担当机制，政府部门要敢于为科研人员的探索失败担当责任。

（十五）正确发挥评价引导作用。改革科技项目申请制度，优化科研项目评审管理机制，让最合适的单位和人员承担科研任务。实行科研机构中长

期绩效评价制度，加大对优秀科技工作者和创新团队稳定支持力度，反对盲目追求机构和学科排名。大幅减少评比、评审、评奖，破除唯论文、唯职称、唯学历、唯奖项倾向，不得简单以头衔高低、项目多少、奖励层次等作为前置条件和评价依据，不得以单位名义包装申报项目、奖励、人才"帽子"等。优化整合人才计划，避免相同层次的人才计划对同一人员的重复支持，防止"帽子"满天飞。支持中西部地区稳定人才队伍，发达地区不得片面通过高薪酬高待遇竞价抢挖人才，特别是从中西部地区、东北地区挖人才。

（十六）大力减轻科研人员负担。加快国家科技管理信息系统建设，实现在线申报、信息共享。大力解决表格多、报销繁、牌子乱、"帽子"重复、检查频繁等突出问题。原则上1个年度内对1个项目的现场检查不超过1次。项目管理专业机构要强化合同管理，按照材料只报1次的要求，严格控制报送材料数量、种类、频次，对照合同从实从严开展项目成果考核验收。专业机构和项目专员严禁向评审专家施加倾向性影响，坚决抵制各种形式的"围猎"。高等学校、科研机构和企业等创新主体要切实履行法人主体责任，改进内部科研管理，减少繁文缛节，不层层加码。高等学校、科研机构领导人员和企业负责人在履行勤勉尽责义务、没有牟取非法利益前提下，免除追究其技术创新决策失误责任，对已履行勤勉尽责义务但因技术路线选择失误等导致难以完成预定目标的项目单位和科研人员予以减责或免责。

五、加强宣传，营造尊重人才、尊崇创新的舆论氛围

（十七）大力宣传科学家精神。高度重视"人民科学家"等功勋荣誉表彰奖励获得者的精神宣传，大力表彰科技界的民族英雄和国家脊梁。推动科学家精神进校园、进课堂、进头脑。系统采集、妥善保存科学家学术成长资料，深入挖掘所蕴含的学术思想、人生积累和精神财富。建设科学家博物馆，探索在国家和地方博物馆中增加反映科技进步的相关展项，依托科技馆、国家重点实验室、重大科技工程纪念馆（遗迹）等设施建设一批科学家精神教育基地。

（十八）创新宣传方式。建立科技界与文艺界定期座谈交流、调研采风机

制，引导支持文艺工作者运用影视剧、微视频、小说、诗歌、戏剧、漫画等多种艺术形式，讲好科技工作者科学报国故事。以"时代楷模"、"最美科技工作者"、"大国工匠"等宣传项目为抓手，积极选树、广泛宣传基层一线科技工作者和创新团队典型。支持有条件的高等学校和中学编排创作演出反映科学家精神的文艺作品，创新青少年思想政治教育手段。

（十九）加强宣传阵地建设。主流媒体要在黄金时段和版面设立专栏专题，打造科技精品栏目。加强科技宣传队伍建设，开展系统培训，切实提高相关从业人员的科学素养和业务能力。加强网络和新媒体宣传平台建设，创新宣传方式和手段，增强宣传效果、扩大传播范围。

六、保障措施

（二十）强化组织保障。各级党委和政府要切实加强对科技工作的领导，对科技工作者政治上关怀、工作上支持、生活上关心，把弘扬科学家精神、加强作风和学风建设作为践行社会主义核心价值观的重要工作摆上议事日程。各有关部门要转变职能，创新工作模式和方法，加强沟通、密切配合、齐抓共管，细化政策措施，推动落实落地，切实落实好党中央关于为基层减负的部署。科技类社会团体要制定完善本领域科研活动自律公约和职业道德准则，经常性开展职业道德和学风教育，发挥自律自净作用。各类新闻媒体要提高科学素养，宣传报道科研进展和科技成就要向相关机构和人员进行核实，听取专家意见，杜绝盲目夸大或者恶意贬低，反对"标题党"。对宣传报道不实、造成恶劣影响的，相关媒体、涉事单位及责任人员应及时澄清，有关部门应依规依法处理。中央宣传部、科技部、中国科协、教育部、中国科学院、中国工程院等要会同有关方面分解工作任务，对落实情况加强跟踪督办和总结评估，确保各项举措落到实处。军队可根据本意见，结合实际建立健全相应工作机制。

哲学社会科学科研诚信建设实施办法

社科办字〔2019〕10号

（中宣部、教育部、科技部、中共中央党校（国家行政学院）、中国社会科学院、国务院发展研究中心、中央军委科学技术委员会，2019年5月16日）

一、总则

第一条　为在全国范围内培育和践行社会主义核心价值观，弘扬科学精神，营造诚实守信的良好科研环境，培根铸魂，构建科学权威、公开透明的哲学社会科学成果评价体系，根据相关法律法规和《关于进一步加强科研诚信建设的若干意见》等文件，制定本办法。

第二条　本办法适用于全国范围内哲学社会科学领域的党政机关、企事业单位和社会组织，以及从事哲学社会科学工作的相关人员。

第三条　科研诚信建设应坚持教育、预防、监督、惩戒相结合，教育优先、预防为主的原则。

第四条　哲学社会科学领域的党政机关、企事业单位和社会组织应当依据本办法建设相应的科研诚信管理体系，完善管理制度和工作机制。

二、组织体系

第五条　哲学社会科学科研诚信建设联席会议是全国哲学社会科学科研诚信建设的领导机构，由中国社会科学院负责召集，中宣部、教育部、科技部、中共中央党校（国家行政学院）、国务院发展研究中心、中央军委科学技术委员会等为成员单位，按照全国哲学社会科学工作领导小组的部署开展工作。

第六条　联席会议职责

（一）贯彻落实党中央国务院关于哲学社会科学科研诚信与信用体系建设的决策部署；

（二）组织研究哲学社会科学科研诚信体系建设的重大政策措施和重点问题，并提出意见建议；

（三）协调解决哲学社会科学科研诚信体系建设过程中的重大问题；

（四）组织开展对哲学社会科学科研诚信重大案件的联合调查与处理；

（五）指导开展有关哲学社会科学科研诚信的宣传教育活动；

（六）协调建立哲学社会科学科研诚信建设的信息共享机制；

（七）研究协调哲学社会科学科研诚信与信用体系建设有关的其他重要事项。

第七条　行业主管部门负责本系统科研诚信建设的统筹协调和宏观指导。中国社会科学院、教育部、中共中央党校（国家行政学院）、国务院发展研究中心、中央军委科学技术委员会分别负责社科院系统、教育系统、党校系统、政府研究机构、军队系统在哲学社会科学领域科研诚信建设的宏观指导。

第八条　哲学社会科学科研诚信建设联席会议的成员单位建立工作层面的联系人机制，就具体工作进行协调联络。

第九条　中国社会科学院设立哲学社会科学科研诚信管理办公室，作为哲学社会科学科研诚信建设联席会议的办事机构，负责哲学社会科学领域科研诚信建设的日常工作。其主要职责是：

（一）对哲学社会科学领域各单位的科研诚信管理工作进行监督和指导；

（二）组织协调相关部门调查重大及敏感的哲学社会科学科研诚信案件；

（三）负责对哲学社会科学科研诚信建设联席会议成员单位的科研诚信管理工作进行协调和对接；

（四）定期组织召开哲学社会科学科研诚信建设联席会议；

（五）组织开展哲学社会科学科研诚信工作和相关法律法规的业务培训；

（六）完成哲学社会科学科研诚信建设联席会议交办的其他工作。

三、教育预防

第十条　哲学社会科学科研诚信建设联席会议建立哲学社会科学科研诚信数据库，对科研失信行为进行记录和公示，实现科研诚信信息的公开透明，发挥社会监督作用。

第十一条 哲学社会科学科研诚信建设责任单位应当完善学术治理体系，建立科学公正的科研制度，营造鼓励创新、宽容失败、不骄不躁、风清气正的学术环境。

第十二条 哲学社会科学科研诚信建设责任单位应当把科研诚信和学术道德教育作为学习培训的必要内容，以多种形式开展教育培训。

第十三条 哲学社会科学科研诚信建设责任单位应建立覆盖科研活动全领域全流程的科研诚信监督检查制度，在科研项目、人才计划、科研奖项、成果发表等各项科研活动的各个环节加强科研诚信审核。

第十四条 哲学社会科学科研诚信建设责任单位应当建立科研管理信息平台，建立涵盖科研项目、学术称号等内容的科研诚信档案，建立对学术成果、学位论文所涉及内容的知识产权查询制度。

第十五条 哲学社会科学领域各单位应当建立个人科研诚信记录，在年度考核、职称评定、岗位聘用、评优奖励中强化科研诚信考核。

第十六条 哲学社会科学工作者在科研活动中应当遵循实事求是的科学精神和严谨认真的治学态度，恪守学术诚信，遵循学术准则，尊重和保护他人知识产权等合法权益。

四、受理调查

第十七条 哲学社会科学科研诚信建设责任单位应建立科研诚信举报的受理、调查、处理、公布机制，应明确具体部门负责受理对本单位人员的科研诚信举报。

第十八条 对违背科研诚信行为的举报应当符合以下条件：

（一）应当实名举报；

（二）有明确的举报对象；

（三）有明确的违规事实；

（四）有客观的证据材料或者查证线索。

第十九条 被举报人所在单位接到举报或上级部门转办的举报后，应当在

15个工作日内进行初步核查，确认是否受理。

第二十条　对违背哲学社会科学科研诚信行为的调查，应采取诚信调查和学术鉴定相结合的方法。诚信调查由责任单位的专门机构负责，对案件涉及的事实情况进行调查；学术鉴定由责任单位成立专门评审组，对案件的学术问题进行审查评议。

第二十一条　对引发社会普遍关注的，或涉及多个部门和单位的哲学社会科学科研诚信事件，哲学社会科学科研诚信管理办公室根据哲学社会科学科研诚信建设联席会议决定，具体组织协调相关单位分别开展或联合开展调查。

第二十二条　调查组应当在决定受理之日起180日内进行调查并形成调查报告。调查报告应当包括事实认定及理由、调查过程、调查结论等。

五、认定处理

第二十三条　在科研及相关活动中有下列情况的，应当认定为违背科研诚信行为：

（一）抄袭、剽窃、侵占他人研究成果；

（二）伪造科研数据、资料、文献、注释，或者捏造事实、编造虚假研究成果；

（三）违反署名规范，未参加研究或创作而在研究成果、学术论文上署名，未经他人许可而不当使用他人署名，虚构合作者共同署名，或者多人共同完成研究而在成果中未注明他人工作、贡献；

（四）采取弄虚作假、贿赂、利益交换等方式获取项目、经费、职务职称、奖励、荣誉等；

（五）故意重复发表论文；

（六）买卖论文、由他人代写或者为他人代写论文；

（七）虚构同行评议专家及评议意见；

（八）利用管理、咨询、评价专家等身份或职务便利，在科研活动中为他人谋取利益；

（九）其他违背科研诚信的行为。

第二十四条 对认定存在违背科研诚信行为的单位或个人，由相关部门或机构视情节轻重，给予约谈警示、通报批评、中止项目执行和项目拨款、终止项目执行和项目拨款直至限制项目申报资格、在一定期限内不接受其项目的申请等处理。

对于严重违背科研诚信行为的单位或个人，实行终身追责。

构成违纪的，依据《事业单位工作人员处分暂行规定》《财政违法行为处罚处分条例》等相关文件，视情节轻重给予警告、记过、降低岗位等级或撤职、开除等处分。

涉嫌犯罪的，由司法机关依法追究其刑事责任。

此外，按照多部门印发《关于对科研领域相关失信责任主体实施联合惩戒的合作备忘录》的相关办法进行惩处。

第二十五条 责任单位将处理完结的违背哲学社会科学科研诚信案件相关信息及时报送其上级主管部门，并在哲学社会科学科研诚信数据库进行记录。

第二十六条 各系统主管部门和责任单位要依据国家构建社会信用体系的有关规章制度对违背哲学社会科学科研诚信的主体实施联合惩戒。

六、申诉复核

第二十七条 当事人对处理决定不服的，可以在收到处理决定之日起 30 个工作日内，以书面形式向调查处理责任单位提出异议或者复核申请。

第二十八条 调查处理责任单位应当于收到申诉之日起 10 个工作日内作出是否复查的决定。

决定受理的，责任单位应另行组织调查组重新展开调查；决定不予受理的，应当书面通知当事人，并说明不予复查的原因。复查应当自决定受理之日起 60 日内完成。

第二十九条 当事人对复核决定不服，仍以同一事实和理由提出异议或者申请复核的，不予受理。

七、保障监督

第三十条 参与调查处理工作的人员应当遵守工作纪律，保守秘密；不得私自留存、隐匿、摘抄、复制或泄露涉事资料；不得私自透露或散布调查处理工作情况。

第三十一条 责任单位在调查处理违背科研诚信行为时有推诿塞责、隐瞒包庇、查处不力等情形的，主管部门应当追究相关领导责任，予以通报批评，并监督责任单位重新开展调查。

八、附则

第三十二条 国家有关法律法规对科研诚信建设另有规定的，依照其规定执行。

各有关单位依据本办法结合单位实际情况制定具体细则。军队系统实施哲学社会科学科研诚信有关办法由中央军委科学技术委员会另行制定。

第三十三条 本办法自发布之日起实施，哲学社会科学科研诚信建设联席会议负责解释。

科研失信行为调查处理规则

国科发监〔2022〕221号

（科技部、中央宣传部、最高人民法院、最高人民检察院、国家发展改革委、教育部、工业和信息化部、公安部、财政部、人力资源社会保障部、农业农村部、国家卫生健康委、国务院国资委、市场监管总局、中科院、社科院、工程院、自然科学基金委、国防科工局、中国科协、中央军委装备发展部、中央军委科学技术委员会，2022年8月25日）

第一章 总则

第一条 为规范科研失信行为调查处理工作，贯彻中共中央办公厅、国务院办公厅《关于进一步加强科研诚信建设的若干意见》精神，根据《中华人民共和国科学技术进步法》《中华人民共和国高等教育法》等规定，制定本规则。

第二条 本规则所称的科研失信行为是指在科学研究及相关活动中发生的违反科学研究行为准则与规范的行为，包括：

（一）抄袭剽窃、侵占他人研究成果或项目申请书；

（二）编造研究过程、伪造研究成果，买卖实验研究数据，伪造、篡改实验研究数据、图表、结论、检测报告或用户使用报告等；

（三）买卖、代写、代投论文或项目申报验收材料等，虚构同行评议专家及评议意见；

（四）以故意提供虚假信息等弄虚作假的方式或采取请托、贿赂、利益交换等不正当手段获得科研活动审批，获取科技计划（专项、基金等）项目、科研经费、奖励、荣誉、职务职称等；

（五）以弄虚作假方式获得科技伦理审查批准，或伪造、篡改科技伦理审查批准文件等；

（六）无实质学术贡献署名等违反论文、奖励、专利等署名规范的行为；

（七）重复发表，引用与论文内容无关的文献，要求作者非必要地引用特定文献等违反学术出版规范的行为；

（八）其他科研失信行为。

本规则所称抄袭剽窃、伪造、篡改、重复发表等行为按照学术出版规范及相关行业标准认定。

第三条 有关主管部门和高等学校、科研机构、医疗卫生机构、企业、社会组织等单位对科研失信行为不得迁就包庇，任何单位和个人不得阻挠、干扰科研失信行为的调查处理。

第四条 科研失信行为当事人及证人等应积极配合调查，如实说明情况、提供证据，不得伪造、篡改、隐匿、销毁证据材料。

第二章 职责分工

第五条 科技部和中国社科院分别负责统筹自然科学和哲学社会科学领域的科研失信行为调查处理工作。有关科研失信行为引起社会普遍关注或涉及多个部门（单位）的，可组织开展联合调查处理或协调不同部门（单位）分别开展调查处理。

主管部门负责指导和监督本系统的科研失信行为调查处理工作，建立健全重大科研失信事件信息报送机制，并可对本系统发生的科研失信行为独立组织开展调查处理。

第六条 科研失信行为被调查人是自然人的，一般由其被调查时所在单位负责调查处理；没有所在单位的，由其所在地的科技行政部门或哲学社会科学科研诚信建设责任单位负责组织开展调查处理。调查涉及被调查人在其他曾任职或求学单位实施的科研失信行为的，所涉单位应积极配合开展调查处理并将调查处理情况及时送被调查人所在单位。牵头调查单位应根据本规则要求，负责对其他参与调查单位的调查程序、处理尺度等进行审核把关。

被调查人是单位主要负责人或法人、非法人组织的，由其上级主管部门负责组织开展调查处理。没有上级主管部门的，由其所在地的科技行政部门或哲学社会科学科研诚信建设责任单位负责组织开展调查处理。

第七条 财政性资金资助的科技计划（专项、基金等）项目的申报、评审、实施、结题、成果发布等活动中的科研失信行为，由科技计划（专项、基金等）项目管理部门（单位）负责组织调查处理。项目申报推荐单位、项目承担单位、项目参与单位等应按照项目管理部门（单位）的要求，主动开展并积极配合调查，依据职责权限对违规责任人作出处理。

第八条 科技奖励、科技人才申报中的科研失信行为，由科技奖励、科技人才管理部门（单位）负责组织调查，并分别依据管理职责权限作出相应处理。科技奖励、科技人才推荐（提名）单位和申报单位应积极配合并主动开展调查处理。

第九条 论文发表中的科研失信行为，由第一通讯作者的第一署名单位牵头调查处理；没有通讯作者的，由第一作者的第一署名单位牵头调查处理。作者的署名单位与所在单位不一致的，由所在单位牵头调查处理，署名单位应积极配合。论文其他作者所在单位应积极配合牵头调查单位，做好对本单位作者的调查处理，并及时将调查处理情况书面反馈牵头调查单位。

学位论文涉嫌科研失信行为的，由学位授予单位负责调查处理。

发表论文的期刊或出版单位有义务配合开展调查，应主动对论文是否违背科研诚信要求开展调查，并应及时将相关线索和调查结论、处理决定等书面反馈牵头调查单位、作者所在单位。

第十条 负有科研失信行为调查处理职责的相关单位，应明确本单位承担调查处理职责的机构，负责登记、受理、调查、处理、复查等工作。

第三章 调查

第一节 举报和受理

第十一条 举报科研失信行为可通过下列途径进行：
（一）向被举报人所在单位举报；
（二）向被举报人所在单位的上级主管部门或相关管理部门举报；
（三）向科技计划（专项、基金等）项目、科技奖励、科技人才计划等的管理部门（单位）举报；

（四）向发表论文的期刊或出版单位举报；

（五）其他途径。

第十二条 举报科研失信行为应同时满足下列条件：

（一）有明确的举报对象；

（二）举报内容属于本规则第二条规定的范围；

（三）有明确的违规事实；

（四）有客观、明确的证据材料或可查证线索。

鼓励实名举报，不得捏造、歪曲事实，不得诬告、陷害他人。

第十三条 对具有下列情形之一的举报，不予受理：

（一）举报内容不属于本规则第二条规定的范围；

（二）没有明确的证据和可查证线索的；

（三）对同一对象重复举报且无新的证据、线索的；

（四）已经作出生效处理决定且无新的证据、线索的。

第十四条 接到举报的单位应在15个工作日内提出是否受理的意见并通知实名举报人，不予受理的应说明情况。符合本规则第十二条规定且属于本单位职责范围的，应予以受理；不属于本单位职责范围的，可转送相关责任单位或告知举报人向相关责任单位举报。

举报人可以对不予受理提出异议并说明理由；异议不成立的，不予受理。

第十五条 下列科研失信行为线索，符合受理条件的，有关单位应主动受理，主管部门应加强督查。

（一）上级机关或有关部门移送的线索；

（二）在日常科研管理活动中或科技计划（专项、基金等）项目、科技奖励、科技人才管理等工作中发现的问题线索；

（三）媒体、期刊或出版单位等披露的线索。

第二节 调查

第十六条 调查应制订调查方案，明确调查内容、人员、方式、进度安排、保障措施、工作纪律等，经单位相关负责人批准后实施。

第十七条 调查应包括行政调查和学术评议。行政调查由单位组织对相关事实情况进行调查，包括对相关原始实验数据、协议、发票等证明材料和研究过程、获利情况等进行核对验证。学术评议由单位委托本单位学术（学位、职称）委员会或根据需要组成专家组，对涉及的学术问题进行评议。专家组应不少于5人，根据需要由相关领域的同行科技专家、管理专家、科研诚信专家、科技伦理专家等组成。

第十八条 调查需要与被调查人、证人等谈话的，参与谈话的调查人员不得少于2人，谈话内容应书面记录，并经谈话人和谈话对象签字确认，在履行告知程序后可录音、录像。

第十九条 调查人员可按规定和程序调阅、摘抄、复印相关资料，现场察看相关实验室、设备等。调阅相关资料应书面记录，由调查人员和资料、设备管理人签字确认，并在调查处理完成后退还管理人。

第二十条 调查中应当听取被调查人的陈述和申辩，对有关事实、理由和证据进行核实。可根据需要要求举报人补充提供材料，必要时可开展重复实验或委托第三方机构独立开展测试、评估或评价，经举报人同意可组织举报人与被调查人就有关学术问题当面质证。严禁以威胁、引诱、欺骗以及其他非法手段收集证据。

第二十一条 调查中发现被调查人的行为可能影响公众健康与安全或导致其他严重后果的，调查人员应立即报告，或按程序移送有关部门处理。

第二十二条 调查中发现第三方中介服务机构涉嫌从事论文及其实验研究数据、科技计划（专项、基金等）项目申报验收材料等的买卖、代写、代投服务的，应及时报请有关主管部门依法依规调查处理。

第二十三条 调查中发现关键信息不充分或暂不具备调查条件的，可经单位相关负责人批准中止调查。中止调查的原因消除后，应及时恢复调查，中止的时间不计入调查时限。

调查期间被调查人死亡的，终止对其调查，但不影响对涉及的其他被调查人的调查。

第二十四条 调查结束应形成调查报告。调查报告应包括线索来源、举报内容、调查组织、调查过程、事实认定及相关当事人确认情况、调查结论、处理意见建议及依据，并附证据材料。调查报告须由全体调查人员签字。一般应在调查报告形成后的 15 个工作日内将相关调查处理情况书面告知参与调查单位或其他具有处理权限的单位。

需要补充调查的，应根据补充调查情况重新形成调查报告。

第二十五条 科研失信行为的调查处理应自决定受理之日起 6 个月内完成。

因特别重大复杂在前款规定期限内仍不能完成调查的，经单位负责人批准后可延长调查期限，延长时间一般不超过 6 个月。对上级机关和有关部门移送的，调查延期情况应向移送机关或部门报告。

第四章 处理

第二十六条 被调查人科研失信行为的事实、情节、性质等最终认定后，由具有处理权限的单位按程序对被调查人作出处理决定。

第二十七条 处理决定作出前，应书面告知被调查人拟作出处理决定的事实、依据，并告知其依法享有陈述与申辩的权利。被调查人逾期没有进行陈述或申辩的，视为放弃权利。被调查人作出陈述或申辩的，应充分听取其意见。

第二十八条 处理决定书应载明以下内容：

（一）被处理人的基本情况（包括姓名或名称，身份证件号码或社会信用代码等）；

（二）认定的事实及证据；

（三）处理决定和依据；

（四）救济途径和期限；

（五）其他应载明的内容。

作出处理决定的单位负责向被处理人送达书面处理决定书，并告知实名举报人。有牵头调查单位的，应同时将处理决定书送牵头调查单位。对于上级机关和有关部门移送的，应将处理决定书和调查报告报送移送单位。

第二十九条 处理措施的种类：

（一）科研诚信诚勉谈话；

（二）一定范围内公开通报；

（三）暂停科技计划（专项、基金等）项目等财政性资金支持的科技活动，限期整改；

（四）终止或撤销利用科研失信行为获得的科技计划（专项、基金等）项目等财政性资金支持的科技活动，追回结余资金，追回已拨财政资金；

（五）一定期限禁止承担或参与科技计划（专项、基金等）项目等财政性资金支持的科技活动；

（六）撤销利用科研失信行为获得的相关学术奖励、荣誉等并追回奖金，撤销利用科研失信行为获得的职务职称；

（七）一定期限取消申请或申报科技奖励、科技人才称号和职务职称晋升等资格；

（八）取消已获得的院士等高层次专家称号，学会、协会、研究会等学术团体以及学术、学位委员会等学术工作机构的委员或成员资格；

（九）一定期限取消作为提名或推荐人、被提名或被推荐人、评审专家等资格；

（十）一定期限减招、暂停招收研究生直至取消研究生导师资格；

（十一）暂缓授予学位；

（十二）不授予学位或撤销学位；

（十三）记入科研诚信严重失信行为数据库；

（十四）其他处理。

上述处理措施可合并使用。给予前款第五、七、九、十项处理的，应同时给予前款第十三项处理。被处理人是党员或公职人员的，还应根据《中国共产党纪律处分条例》《中华人民共和国公职人员政务处分法》等规定，由有管辖权的机构给予处理或处分；其他适用组织处理或处分的，由有管辖权的机构依规依纪依法给予处理或处分。构成犯罪的，依法追究刑事责任。

第三十条 对科研失信行为情节轻重的判定应考虑以下因素：

（一）行为偏离科技界公认行为准则的程度；

（二）是否有造假、欺骗，销毁、藏匿证据，干扰、妨碍调查或打击、报复举报人的行为；

（三）行为造成不良影响的程度；

（四）行为是首次发生还是屡次发生；

（五）行为人对调查处理的态度；

（六）其他需要考虑的因素。

第三十一条 有关机构或单位有组织实施科研失信行为，或在调查处理中推诿、包庇，打击报复举报人、证人、调查人员的，主管部门应依据相关法律法规等规定，撤销该机构或单位因此获得的相关利益、荣誉，给予公开通报，暂停拨款或追回结余资金、追回已拨财政资金，禁止一定期限内承担或参与财政性资金支持的科技活动等本规则第二十九条规定的相应处理，并按照有关规定追究其主要负责人、直接负责人的责任。

第三十二条 经调查认定存在科研失信行为的，应视情节轻重给予以下处理：

（一）情节较轻的，给予本规则第二十九条第一项、第三项、第十一项相应处理；

（二）情节较重的，给予本规则第二十九条第二项、第四至第十项、第十二项、第十三项相应处理，其中涉及取消或禁止期限的，期限为3年以内；

（三）情节严重的，给予本规则第二十九条第二项、第四至第十项、第十二项、第十三项相应处理，其中涉及取消或禁止期限的，期限为3至5年；

（四）情节特别严重的，给予本规则第二十九条第二项、第四至第十项、第十二项、第十三项相应处理，其中涉及取消或禁止期限的，期限为5年以上。

存在本规则第二条第一至第五项规定情形之一的，处理不应低于前款第二项规定的尺度。

第三十三条 给予本规则第三十二条第二、三、四项处理的被处理人正在申报财政性资金支持的科技活动或被推荐为相关候选人、被提名人、被推荐人等的，终止其申报资格或被提名、被推荐资格。

第三十四条 有下列情形之一的，可从轻处理：

（一）有证据显示属于过失行为且未造成重大影响的；

（二）过错程度较轻且能积极配合调查的；

（三）在调查处理前主动纠正错误，挽回损失或有效阻止危害结果发生的；

（四）在调查中主动承认错误，并公开承诺严格遵守科研诚信要求、不再实施科研失信行为的。

论文作者在被举报前主动撤稿且未造成较大负面影响的，可从轻或免予处理。

第三十五条 有下列情形之一的，应从重处理：

（一）伪造、篡改、隐匿、销毁证据的；

（二）阻挠他人提供证据，或干扰、妨碍调查核实的；

（三）打击、报复举报人、证人、调查人员的；

（四）存在利益输送或利益交换的；

（五）有组织地实施科研失信行为的；

（六）多次实施科研失信行为或同时存在多种科研失信行为的；

（七）证据确凿、事实清楚而拒不承认错误的。

第三十六条 根据本规则给予被处理人记入科研诚信严重失信行为数据库处理的，处理决定由省级及以下地方相关单位作出的，处理决定作出单位应在决定生效后 10 个工作日内将处理决定书和调查报告报送上级主管部门和所在地省级科技行政部门。省级科技行政部门应在收到之日起 10 个工作日内通过科研诚信管理信息系统按规定汇交科研诚信严重失信行为数据信息，并将处理决定书和调查报告报送科技部。

处理决定由国务院部门及其所属（含管理）单位作出的，由该部门在处理决定生效后 10 个工作日内通过科研诚信管理信息系统按规定汇交科研诚信严重失信行为数据信息，并将处理决定书和调查报告报送科技部。

第三十七条 有关部门和地方依法依规对记入科研诚信严重失信行为数据库的相关被处理人实施联合惩戒。

第三十八条 被处理人科研失信行为涉及科技计划（专项、基金等）项目、科技奖励、科技人才等的，调查处理单位应将处理决定书和调查报告同时报送科技计划（专项、基金等）项目、科技奖励、科技人才管理部门（单位）。科技计划（专项、基金等）项目、科技奖励、科技人才管理部门（单位）应依据经查实的科研失信行为，在职责范围内对被处理人作出处理，并制作处理决定书，送达被处理人及其所在单位。

第三十九条 对经调查未发现存在科研失信行为的，调查单位应及时以适当方式澄清。

对举报人捏造歪曲事实、诬告陷害他人的，举报人所在单位应依据相关规定对举报人严肃处理。

第四十条 处理决定生效后，被处理人如果通过全国性媒体公开作出严格遵守科研诚信要求、不再实施科研失信行为承诺，或对国家和社会作出重大贡献的，作出处理决定的单位可根据被处理人申请对其减轻处理。

第五章 申诉复查

第四十一条 举报人或被处理人对处理决定不服的，可在收到处理决定书之日起15个工作日内，按照处理决定书载明的救济途径向作出调查处理决定的单位或部门书面提出申诉，写明理由并提供相关证据或线索。

调查处理单位（部门）应在收到申诉之日起15个工作日内作出是否受理决定并告知申诉人，不予受理的应说明情况。

决定受理的，另行组织调查组或委托第三方机构，按照本规则的调查程序开展复查，并向申诉人反馈复查结果。

第四十二条 举报人或被处理人对复查结果不服的，可向调查处理单位的上级主管部门书面提出申诉，申诉必须明确理由并提供充分证据。对国务院部门作出的复查结果不服的，向作出该复查结果的国务院部门书面提出申诉。

上级主管部门应在收到申诉之日起15个工作日内作出是否受理决定。仅以对调查处理结果和复查结果不服为由，不能说明其他理由并提供充分证据，或以同一事实和理由提出申诉的，不予受理。决定受理的，应组织复核，复核结果为最终结果。

第四十三条 复查、复核应制作复查、复核意见书，针对申诉人提出的理由给予明确回复。复查、复核原则上均应自受理之日起90个工作日内完成。

第六章 保障与监督

第四十四条 参与调查处理工作的人员应秉持客观公正，遵守工作纪律，主动接受监督。要签署保密协议，不得私自留存、隐匿、摘抄、复制或泄露问题线索和调查资料，未经允许不得透露或公开调查处理工作情况。

委托第三方机构开展调查、测试、评估或评价时，应履行保密程序。

第四十五条 调查处理应严格执行回避制度。参与科研失信行为调查处理人员应签署回避声明。被调查人或举报人近亲属、本案证人、利害关系人、有研究合作或师生关系或其他可能影响公正调查处理情形的，不得参与调查处理工作，应主动申请回避。被调查人、举报人有权要求其回避。

第四十六条 调查处理应保护举报人、被举报人、证人等的合法权益，不得泄露相关信息，不得将举报材料转给被举报人或被举报单位等利益相关方。对于调查处理过程中索贿受贿、违反保密和回避制度、泄露信息的，依法依规严肃处理。

第四十七条 高等学校、科研机构、医疗卫生机构、企业、社会组织等是科研失信行为调查处理第一责任主体，应建立健全调查处理工作相关的配套制度，细化受理举报、科研失信行为认定标准、调查处理程序和操作规程等，明确单位科研诚信负责人和内部机构职责分工，保障工作经费，加强对相关人员的培训指导，抓早抓小，并发挥聘用合同（劳动合同）、科研诚信承诺书和研究数据管理政策等在保障调查程序正当性方面的作用。

第四十八条 高等学校、科研机构、医疗卫生机构、企业、社会组织等不履行科研失信行为调查处理职责的，由主管部门责令其改正。拒不改正的，对负有责任的领导人员和直接责任人员依法依规追究责任。

第四十九条 科技部和中国社科院对自然科学和哲学社会科学领域重大科研失信事件应加强信息通报与公开。

科研诚信建设联席会议各成员单位和各地方应加强科研失信行为调查处理的协调配合、结果互认、信息共享和联合惩戒等工作。

第七章 附则

第五十条 本规则下列用语的含义：

（一）买卖实验研究数据，是指未真实开展实验研究，通过向第三方中介服务机构或他人付费获取实验研究数据。委托第三方进行检验、测试、化验获得检验、测试、化验数据，因不具备条件委托第三方按照委托方提供的实验方案进行实验获得原始实验记录和数据，通过合法渠道获取第三方调查统计数据或相关公共数据库数据，不属于买卖实验研究数据。

（二）代投，是指论文提交、评审意见回应等过程不是由论文作者完成而是由第三方中介服务机构或他人代理。

（三）实质学术贡献，是指对研究思路、设计以及分析解释实验研究数据等有重要贡献，起草论文或在重要的知识性内容上对论文进行关键性修改，对将要发表的版本进行最终定稿等。

（四）被调查人所在单位，是指调查时被调查人的劳动人事关系所在单位。被调查人是学生的，调查处理由其学籍所在单位负责。

（五）从轻处理，是指在本规则规定的科研失信行为应受到的处理幅度以内，给予较轻的处理。

（六）从重处理，是指在本规则规定的科研失信行为应受到的处理幅度以内，给予较重的处理。

本规则所称的"以上""以内"不包括本数，所称的"3至5年"包括本数。

第五十一条 各有关部门和单位可依据本规则结合实际情况制定具体细则。

第五十二条 科研失信行为被调查人属于军队管理的，由军队按照其有关规定进行调查处理。

相关主管部门已制定本行业、本领域、本系统科研失信行为调查处理规则且处理尺度不低于本规则的，可按照已有规则开展调查处理。

第五十三条 本规则自发布之日起实施，由科技部和中国社科院负责解释。《科研诚信案件调查处理规则（试行）》（国科发监〔2019〕323号）同时废止。

教育部关于加强高等学校科研诚信建设和学术不端治理的指导意见

教科信〔2024〕2号

（教育部，2024年3月26日）

各省、自治区、直辖市教育厅（教委），新疆生产建设兵团教育局，有关部门（单位）教育司（局），部属各高等学校、部省合建各高等学校：

为深入贯彻落实党的二十大精神，进一步加强高等学校科研诚信建设、强化学术不端问题治理，构建健康的学术生态，培育创新文化，涵养优良学风，加快构建中国自主知识体系，更好服务高水平科技自立自强，现提出以下指导意见。

一、严格落实科研诚信建设主体责任。高等学校是学术不端行为预防与处理的主体，必须充分认识科研诚信建设的重要性和紧迫性。高等学校要扛起主体责任，以严的基调、严的措施、严的氛围抓好本校科研诚信建设工作，以刀刃向内、勇于自我革命的态度和决心处理学术不端问题，坚决杜绝科研诚信建设松懈、学术不端处理护短等行为。高等学校党政主要负责人是第一责任人，要切实抓牢科研诚信体系建设，把科研诚信建设与学校科研工作同部署、同推进。

二、健全完善科研诚信建设工作体系。高等学校要明确专门机构、配备专门力量，负责本校科研诚信建设工作和学术不端行为查处。要建立组织人事、人才培养、科研学术、学生管理、纪检监察等职能部门协同联动的工作机制，并明确职责分工，切实落实各有关部门学风建设职能。要充分发挥学术委员会在调查、认定学术不端行为方面的作用。

三、全面加强师生科研诚信和科技伦理教育。高等学校应当将科研诚信和科技伦理教育纳入人才培养方案，在本科生、研究生培养环节中强化相关教育内容，加强学生学习效果监测评估。在学生入学、奖励评优、研究生推免等关键节点，开展专门学术规范教育，扣好学生从事科研工作的"第一粒扣子"。强化导师在学生科研诚信和科技伦理教育中的关键作用，加强对学生的日常教育和学术把关。高等学校要在教师岗前培训和在职培训体系中强化科研诚信和科技伦理的规范教育，建立教师科研诚信档案，在教师年度考核中增加科研诚信的内容，在教师招聘引进、职称评审、岗位聘用、奖励评优、项目申报、参与各类科技活动等重要节点签订科研诚信承诺书。

四、规范学术不端行为调查程序。高等学校要依据《科研失信行为调查处理规则》《高等学校预防与处理学术不端行为办法》《高等学校学术不端行为调查处理实施细则》等有关文件，结合本校实际，建立健全本校学术不端行为查处办法，规范案件受理和调查程序，明确各类学术不端行为的认定与惩处标准，做好材料归档和报送，做到学术不端行为调查处理规则明确，流程规范，有据可依，有章可循。

五、严肃处理学术不端行为。各高等学校要向广大教师、科研人员及学生做好宣传，切实提高诚信意识，自觉遵守学术规范。对于学术不端行为的处理，要遵循实事求是、依法依规的原则，突出"严"的主基调，对"论文代写买卖""有组织打招呼"等严重学术不端行为从严从重处理。对于学术不端行为责任人，在作出学术不端认定和处理的基础上，高等学校还应当按照责任人党员、公职人员、事业单位工作人员、教师、学生等不同身份，对照《中国共产党纪律处分条例》《中华人民共和国公职人员政务处分法》《事业单位工作人员处分规定》《教育部关于高校教师师德失范行为处理的指导意见》《学位论文作假行为处理办法》《普通高等学校学生管理规定》等法律、法规、制度，对其作出处分处理或向有关方面提出处分处理的建议。

六、严格执行"三落实、三公开"要求。高等学校要认真执行学风建设机构、学术规范制度和学术不端行为查处机制"三落实、三公开"的要求，在本单位网站上开设学风建设专栏，公布学风建设年度报告，公开学术不端行为调查处理结果，其中处理结果必须长期保留。要认真整理并推出学术不端行为查处的典型案例，并及时总结科研诚信建设工作经验，定期对广大教师、学生、科研人员开展警示和宣传。

七、建立高等学校科研诚信监督和管理机制。高等学校应当建立健全内部管理制度和常态化的科研诚信自查自纠机制，加强学术不端行为调查处理的协调配合、结果互认、信息共享等工作。充分发挥社会监督作用，畅通举报渠道，鼓励对违背科研诚信要求的行为进行实名举报。加快建立学术成果发表诚信承诺、科研过程可追溯等学术成果管理制度，结合学科特点规范管理。要求教师、学生、科研人员在学术成果发表前后一定期限内，将全部署名作者知情书、实验场所和操作人员信息、原始数据保存方式及地点等进行备案。制度建立后，未经登记备案的公开发表学术成果在学位授予、年度考核、职称评审、岗位聘用、干部选任及奖励评优等评定中不予认定。

八、落实约谈问责和通报机制。对于多次发生学术不端行为的院系，高等学校要向院系负责人进行问责。各地教育行政部门要对学术不端行为调查处理职责履行不力的高等学校进行约谈和通报，把科研诚信建设成效纳入高等学校领导班子考核，落实问责机制。对于为获得利益有组织实施请托、打招呼等学术不端行为的高等学校，主管部门应当追究主要负责人、直接负责人的责任。对于学术不端行为造成严重后果或恶劣影响的高等学校，由教育部进行约谈并责令其改正，列入教育部学风建设不良记录。

高等学校学术不端行为调查处理实施细则

教科信〔2024〕3号
(教育部，2024年3月26日)

第一章 总则

第一条 为进一步贯彻落实中共中央办公厅、国务院办公厅《关于进一步加强科研诚信建设的若干意见》，规范高等学校对学术不端行为的调查处理工作，推动科研诚信、学术规范建设，营造风清气正的良好学术风气，根据《中华人民共和国科学技术进步法》《中华人民共和国高等教育法》《中华人民共和国学位条例》等法律法规，以及《高等学校预防与处理学术不端行为办法》（教育部令第40号，以下简称40号令）、《学位论文作假行为处理办法》（教育部令第34号，以下简称34号令）、《科研失信行为调查处理规则》（国科发监〔2022〕221号，以下简称221号文）和《哲学社会科学科研诚信建设实施办法》（社科办字〔2019〕10号，以下简称10号文）等文件规定，制定本细则。

第二条 本细则适用于普通高等学校及直属附属医院的教学科研人员、管理人员和学生在项目申请、评审、实施、结题等过程中，以及各类论文、专利、著作等学术成果发表与应用等各类教学及科研学术活动中发生的学术不端行为的调查处理，具体学术不端行为界定参照221号文第二条、10号文第二十三条、40号令第二十七条和34号令第三条。

第三条 高等学校是学术不端行为调查处理的主体。任何单位和个人对学术不端行为不得迁就包庇，不得阻挠、干扰学术不端行为的调查处理。

第四条 学术不端行为被调查人、举报人及证人等应积极配合调查，如实说明情况、提供证据，不得伪造、篡改、隐匿、销毁证据材料。

第二章 职责分工

第五条 教育部负责制定高等学校科研诚信建设的宏观政策，指导和监督高等学校学术不端行为调查处理工作，建立健全重大学术不端事件信息报送和通报机制，并可对教育系统发生的学术不端行为独立组织开展调查处理。

第六条 省级教育部门负责具体指导和监督本地区高等学校科研诚信建设工作，建立健全对所主管高等学校重大学术不端事件的处理机制，建立高等学校学术不端行为的通报与相关信息公开制度。

第七条 高等学校应健全科研诚信建设制度体系，要明确专门机构、配备专门力量负责本校学术不端行为查处工作，建立组织人事、人才培养、科研学术、学生管理、纪检监察等职能部门协同联动的工作机制，明确职责分工。对本校教学科研人员、管理人员和学生等开展科研诚信教育。主动监测本单位人员的学术不端信息。对本单位人员的学术不端行为，积极组织或配合调查，依据职责权限对学术不端行为相关责任人作出处理。

第三章 调查与处理

第一节 受理

第八条 高等学校应当明确具体部门，负责受理社会组织、个人对本校教学科研人员、管理人员及学生学术不端行为的举报，以及上级机关或有关部门移送的线索；根据工作需要和学校实际，设立专门岗位或者指定专人，负责学术不端举报相关事宜的咨询、受理、调查等工作。

第九条 高等学校在收到学术不端行为线索后，应在15个工作日内提出是否受理的意见并通知实名举报人或转来线索的单位，不予受理的应当书面说明理由。

第十条 对于有明确举报对象和违规事实、有客观明确的证据材料或可查证线索的举报内容，高等学校应当受理。对于媒体、期刊或出版单位等披露的线索，高等学校应及时关注，主动开展调查。对于举报内容不属于学术不端行为的、没有明确的证据和可查证线索的、对同一对象重复举报且无新的证据和线索的、已经作出生效处理决定且无新的证据和线索的等情况，不予受理。

第十一条 学术不端行为的调查处理应自决定受理之日起 6 个月内完成。

因特别重大复杂在前款规定期限内仍不能完成调查的，经单位负责人批准后可延长调查期限，延长时间一般不超过 6 个月。

对于上级部门移送的线索，高等学校应按照上级部门的时间要求完成调查处理，有特殊情况无法按时完成的，应及时向上级部门书面报告情况，经批准后延长调查期限。

第十二条 学术不端行为一般由被调查人当前人事关系所在高等学校牵头负责调查。财政性资金资助的科技计划（专项、基金等）、社科项目、科研奖励、人才称号的申报、评审、实施、结题、成果发布等活动中的学术不端行为，由项目、奖励、人才等管理部门负责组织申报单位调查处理。论文发表中的学术不端行为，由第一通讯作者的第一署名单位牵头调查处理；没有通讯作者的，由第一作者的第一署名单位牵头调查处理；署名单位与所在单位不一致的，由所在单位牵头调查处理，署名单位应积极配合。学位论文涉嫌学术不端行为的，由学位授予单位负责调查处理。对于涉及高等学校主要负责人的，要根据相关文件要求，由主管部门进行办理。

第十三条 学术不端行为涉及多个单位的，牵头调查单位应根据要求，主动联系其他当事人所在单位，并负责对其他参与调查单位的调查程序、处理尺度等进行审核把关。参与调查的其他单位应积极配合牵头调查单位，做好对本单位人员的调查处理，并将调查报告和处理决定报送牵头调查单位。

第二节 调查

第十四条 高等学校决定进入正式调查的，应当组成调查组，制订调查方案，明确调查内容、人员、方式、进度安排、保障措施、工作纪律等。对于事实清楚、证据确凿、情节简单的被举报行为，可以采用简易调查程序，具体办法由高等学校学术委员会确定。

第十五条 调查应包括事实调查和学术评议。事实调查由单位组织对相关事实情况进行调查，包括对相关原始实验数据、协议、发票等证明材料和研究过程、获利情况等进行核对验证。学术评议由学术委员会或根据需要组成不少于 5 人的专家组，对涉及的学术问题进行评议。专家组成员根据需要可由相关领域的同行科技专家、管理专家、科研诚信专家、科技伦理专家等组成，必要时包括学校纪检、监察机构指派的工作人员。

第十六条　调查人员可按规定和程序调阅、摘抄、复印相关资料，现场察看相关实验室等研究场地、设备等。调阅、摘抄、复印相关资料应书面记录，由调查人员和资料、设备管理人在调阅单和摘抄复印材料上签字确认，调阅的原件在调查处理完成后退还管理人。

第十七条　调查中应当听取被调查人的陈述和申辩，对有关事实、理由和证据进行核实。需要与被调查人、证人等谈话的，参与谈话的调查人员不得少于 2 人，谈话内容应书面记录，并经谈话人和谈话对象签字确认，在履行告知程序后可录音、录像。可根据需要要求举报人补充提供材料，必要时可开展重复实验或委托第三方机构独立开展测试、评估或评价，经举报人同意可组织举报人与被调查人就有关学术问题当面质证。严禁以威胁、引诱、欺骗以及其他非法手段收集证据。

第十八条　调查中发现第三方中介服务机构涉嫌从事论文及其实验研究数据、科技计划（专项、基金等）项目申报验收材料等的买卖、代写、代投服务的，应及时将有关信息报主管部门和当地科技行政部门。

第十九条　调查中发现关键信息不充分或暂不具备调查条件的，可经单位相关负责人批准中止调查。中止调查的原因消除后，应及时恢复调查，中止的时间不计入调查时限。出现知识产权等争议引发法律纠纷的，且该争议可能影响行为定性的，应当中止调查，待争议解决后重启调查。调查期间被调查人死亡的，终止对其调查，但不影响对涉及的其他被调查人的调查。

第二十条　调查结束应形成调查报告。调查报告应包括线索来源、举报内容、调查组织、调查过程、事实认定及当事人确认情况、调查结论、全部责任人的责任划分，并附证据材料。调查报告须由全体调查人员签字。

第三节 认定

第二十一条 学术委员会可以召开全体会议或者授权专门委员会审查调查报告，依据 40 号令第二十七条、34 号令第三条、221 号文第二条的表述认定是否属于学术不端行为以及行为的性质，依据 40 号令第二十八条、221 号文第三十条、第三十四条、第三十五条认定情节为较轻、较重、严重或特别严重，形成调查认定结论，并依职权作出处理或建议学校作出相应处理。学术不端调查涉及多个单位的，一般应在调查认定结论形成后的 15 个工作日内将相关调查处理情况书面告知参与调查单位或其他具有处理权限的单位。

第二十二条 处理决定作出前，应书面告知被调查人事实认定以及拟作出处理决定的依据，并告知其依法享有陈述与申辩的权利。被调查人逾期没有进行陈述或申辩的，视为放弃权利。被调查人作出陈述或申辩的，应充分听取其意见。被调查人提出新的证据线索的，酌情开展复核。

第四节 处理

第二十三条 高等学校对学术不端行为作出处理决定，应当制作处理决定书，载明以下内容：

（一）被处理人的基本情况（包括姓名、身份证件号码、工作单位、职务职称等）；

（二）认定的事实及证据；

（三）处理决定和依据；

（四）救济途径和期限；

（五）其他应载明的内容。

作出处理决定的高等学校负责向被处理人送达书面处理决定书，并告知实名举报人。有牵头调查单位的，应同时将处理决定书和调查报告送牵头调查单位。

第二十四条 高等学校应当对照 221 号文第二十九条、第三十二条，视情节轻重对被处理人作出相应学术不端处理。在此基础上，高等学校还应当按照被处理人党员、公职人员、事业单位工作人员、教师、学生等不同身份，对照《中国共产党纪律处分条例》《中华人民共和国公职人员政务处分法》《事业单位工作人员处分规定》《教育部关于高校教师师德失范行为处理的指导意见》《学位论文作假行为处理办法》《普通高等学校学生管理规定》等法律、法规、制度，对其作出处分处理或向有关方面提出处分处理的建议。

第二十五条 高等学校依规对学术不端被处理人作出一定期限禁止申请承担或者参与财政性支持的科研活动以及一定期限取消相关资格处理的，应当同时记入科研诚信严重失信行为数据库。处理决定由地方高等学校作出的，应在决定生效后 10 个工作日内将处理决定书和调查报告报送省级教育行政部门和科技行政部门。处理决定由中央部门所属高等学校作出的，应在处理决定生效后 10 个工作日内将处理决定书和调查报告报送主管部门。

第二十六条 学术不端行为涉及科技计划（专项、基金等）、社科项目、科研奖励、人才称号等的，高等学校应将处理决定书和调查报告同时报送项目、奖励、人才管理部门（单位）。

第二十七条 对经调查未发现存在学术不端行为的，调查单位应及时以适当方式澄清。对举报人捏造歪曲事实、诬告陷害他人的，举报人为本单位的，应依据相关规定对举报人严肃处理，举报人为非本单位的，向其所在单位进行通报。

第四章 申诉复核

第二十八条 举报人或被处理人对处理决定不服的，可在收到处理决定书之日起 30 日内，向作出调查处理决定的单位或部门书面提出申诉，写明理由并提供相关证据或线索。

高等学校收到申诉后，应当在 15 日内作出是否受理决定并告知申诉人，不予受理的应说明情况。决定受理的，学校可另行组织调查组或委托第三方机构开展复核，并在 90 个工作日内向申诉人反馈复核结果。

第二十九条 举报人或被处理人对复核结果不服的，可向高等学校的主管部门书面提出申诉，申诉必须明确理由并提供充分证据。

高等学校的主管部门应在收到申诉之日起 15 个工作日内作出是否受理决

定。仅以对调查处理结果和复核结果不服为由，不能说明其他理由并提供充分证据，或以同一事实和理由提出申诉的，不予受理。决定受理的，应组织复核，复核结果为最终结果。

第五章 保障监督

第三十条 参与调查处理工作的人员应秉持客观公正，遵守工作纪律，主动接受监督。要签署保密协议，不得私自留存、隐匿、摘抄、复制或泄露问题线索和调查资料，未经允许不得透露或公开调查处理工作情况。

委托第三方机构开展调查、测试、评估或评价时，应履行保密程序。

第三十一条 调查处理应严格执行回避制度。参与调查处理人员应签署回避声明。被调查人或举报人近亲属、本案证人、利害关系人、有研究合作或师生关系或其他可能影响公正调查处理情形的，不得参与调查处理工作，应主动申请回避。被调查人、举报人有权要求其回避。

第三十二条 调查处理应保护举报人、被举报人、证人等的合法权益，不得泄露相关信息，不得将举报材料转给被举报人或被举报单位等利益相关方。对于调查处理过程中接受利益输送、违反保密和回避制度、泄露信息的，依法依规严肃处理。

第三十三条 高等学校应当按年度发布学风建设工作报告，主动公开学术不端行为调查处理结果，接受社会监督。

第三十四条 高等学校学术不端行为调查处理职责履行不力的，由主管部门责令其改正。造成严重社会影响的，将由教育部会同有关部门进行约谈问责或联合通报。对于高等学校为获得利益有组织实施请托等学术不端行为的，主管部门应当追究主要负责人、直接负责人的责任。

第六章 附则

第三十五条 高等学校应当根据本细则，结合学校实际和学科特点，制定或完善本校学术不端行为查处办法。有关规则应当经学校学术委员会和教职工代表大会讨论通过。

第三十六条 教育系统所属科研机构及其他单位有关人员学术不端行为的调查与处理，可参照本细则执行。

第三十七条 本细则自印发之日起实施，由教育部负责解释。

关于加强科研诚信建设的实施意见

冀办字〔2019〕1号

（中共河北省委办公厅、河北省人民政府办公厅，2019年1月6日）

为贯彻落实中共中央办公厅、国务院办公厅印发的《关于进一步加强科研诚信建设的若干意见》，弘扬科学精神，倡导创新文化，营造诚实守信的良好科研环境，加快建设创新型河北，结合河北省实际，提出以下实施意见。

一、总体思路

坚持以习近平新时代中国特色社会主义思想为指导，全面贯彻党的十九大和十九届二中、三中全会精神，深入实施创新驱动发展战略，落实党中央、国务院关于社会信用体系建设的总体要求和河北省委、省政府关于科研诚信建设的工作部署，把科研诚信作为科技创新的基石，以优化创新环境为目标，以推进科研诚信建设制度化为重点，以健全科研诚信工作机制为保障，坚持问题导向，坚持预防与惩治并举，明确责任、系统推进、激励创新、坚守底线，着力打造共建共享共治的科研诚信建设新格局。经过各方努力，加快形成职责明确与高效协同的科研诚信管理体系、约束与激励并重的科研诚信制度体系、覆盖科研活动全方位与全过程的科研失信防控和惩戒体系，广大科研人员的诚信意识显著增强，恪守诚信规范成为科研人员的共同理念和自觉行动，营造崇尚创新、鼓励探索、诚实守信的良好环境，为加快建设创新型河北奠定坚实的社会文化基础。

二、建立健全科研诚信建设管理机制和责任体系

（一）完善科研诚信统筹协调管理机制。河北省科技厅、省委宣传部分别负责自然科学领域和哲学社会科学领域科研诚信工作的统筹协调、宏观指导，会同有关单位加强科研诚信体系建设。各地和相关行业主管部门负责本地本系统的科研诚信统筹管理和建设工作，充实工作力量，强化工作保障，建立健全有关制度规范。科技管理部门、哲学社会科学管理部门要加强科技计划、哲学社会科学研究的科研诚信管理，健全以科研诚信为基础的监管机制。教育、卫生健康、新闻出版等部门要明确要求本系统相关单位完善内控制度，建设科研诚信监督，形成职责明确、高效协同的科研诚信工作管理体系。

（二）强化科研诚信建设的主体责任。从事科研活动的各类企业、事业单位、社会组织等是科研诚信建设第一责任主体，依据有关规定建立科研诚信规章制度，切实履行科研诚信预防、调查、失信行为处理等相关责任。

科研机构、高等学校要加强科研诚信建设工作，对学术委员会科研诚信工作任务、职责权限作出明确规定，建立专门办事机构，配备专职人员。学术委员会要认真履行科研诚信建设职责，切实发挥在审议、评定、受理、调查、咨询等方面的作用，定期组织开展或委托第三方机构对本单位科研人员的学术论文、技术研发等科研成果等进行全覆盖核查，核查工作以3—5年为周期，必要时可采取针对性核查。

承担科技计划项目的企业，要对项目主持人和团队提出科研诚信要求，对失信责任作出规定或约定。从事科技项目管理、科技评估、科技咨询、科技成果转化、科技企业孵化和科研经费审计等的科技服务与中介机构，须严格遵守行业规范，健全内控制度，强化诚信管理，自觉接受监督。

（三）增强学会、协会、研究会等社会团体自律自净功能。学会、协会、研究会等社会团体要在各自领域制定科研活动行为规范，加强会员科研诚信教育引导、诚信案件调查认定、科研诚信理论研究等工作，实现自我规范、自我管理、自我净化。

（四）严格科技人员诚信自律。从事科研活动的人员要恪守科学道德准则，坚守科研诚信底线，不得抄袭、剽窃他人科研成果或者伪造、篡改研究数据、研究结论；不得购买、代写、代投论文，虚构同行评议专家及评议意见；不得违反论文署名规范，擅自标注或虚假标注获得科技计划（专项、基金等）等资助；不得弄虚作假，骗取科技计划（专项、基金等）项目、科研经费以及奖励、荣誉等；不得有其他违背科研诚信要求的行为。

从事科研学术活动的项目（课题）负责人、研究生导师要加强诚信管理，对项目（课题）组成员、学生的重要论文等科研成果署名、研究数据真实性、实验可重复性等进行诚信审核和学术把关，发挥言传身教作用。

从事各类项目评审、咨询、评估、经费审计等活动的专家和人员，要按照有关规定、程序和办法，独立、客观、公正开展工作，严守科研诚信要求和职业道德，为科技管理决策提供负责任、高质量的咨询评审意见。科技管理人员要认真履行管理、指导、监督职责，严格遵守有关纪律。

三、构建覆盖科研活动全领域各环节的诚信管理体系

（一）加强科技计划项目合同诚信约定管理。科技管理部门要深化科技计划管理改革，完善管理办法，各类科研合同（任务书、协议书）要明确约定科研诚信义务和违约责任追究条款，将科研诚信建设要求落实到项目指南、立项评审、过程管理、结题验收和监督评估全过程。哲学社会科学研究管理部门要把握本领域研究规律和特点，健全诚信管理办法，加强科研诚信合同管理。

（二）加强科研诚信承诺管理。在科技服务专业机构管理、创新基地建设和专家评审、科技奖励等工作中，不能通过合同形式明确作出科研诚信约定的，实施科研诚信承诺制。各责任主体在相关工作实施前签署科研诚信承诺书，明确承诺事项和违背承诺的处理要求，对严重失信的取消相应资格。

（三）加强科研诚信审核管理。在科技表彰奖励、人才计划资格评选、职称评定、学位授予等工作中，将科研诚信审核作为必经程序，对严重违背科研诚信要求的责任者，实行"一票否决"。

（四）加强学术论文等科研成果诚信管理。科技计划管理部门、项目管理专业机构要加强对科技计划成果质量、效益、影响的评估。从事科研活动的企业、事业单位、社会组织等，要建立完善学术论文发表诚信承诺、科研过程可追溯、科研成果检查和报告等管理办法，实化细化有关措施。学术论文等科研成果存在违背科研诚信要求情形的，由相关责任人所在单位对其作出严肃处理并要求采取撤回论文等措施，消除不良影响。

（五）加强科技"三评"诚信管理。围绕推进项目评审、人才评价、机构评估改革，建立以科技创新质量、贡献、绩效为导向的分类评价机制，把科研诚信状况作为各类评价的重要指标，推动各责任主体完善科研诚信体系建设。强化分类评价正确价值导向，提倡严谨治学，反对急功近利，推行代表作评价制度，不把论文、专利、荣誉性头衔、承担项目、获奖等情况作为限制性条件，避免与物质利益简单、直接挂钩。尊重科学研究规律，建立科学研究长周期考核机制，科研项目绩效评价原则上在项目验收时一次进行。对省属科研院所绩效评价周期原则上为5年，也可根据不同科研活动类型、主要负责人任期等实际情况进行中期评价或适当缩短绩效评价周期。根据国家部署，开展临床医学研究人员评价改革试点，完善临床医学研究人员考核评价体系。

四、建立完善科研诚信管理制度

（一）实施科研诚信全记录制度。各级科技计划和哲学社会科学研究项目管理部门，要建立项目申请、评审、立项、执行、验收、报告等全过程诚信记录制度，对严重失信人员和单位，依法依规作出在一定时期一定范围内禁止申报财政支持科研项目的规定。从事科学研究的企业、事业单位、社会组织等，要建立健全本单位科研活动记录、科研档案保存等制度，完善内部监督约束机制。

（二）建立科研诚信评价制度。组织实施科研活动的部门，要将承担单位、科技服务专业机构、中介机构等纳入信用管理对象，建立诚信评价制度，根据不同对象要求，明确评价内容、方式方法和操作规程，将评价结果作为承担科研项目、享受各类资助、承接科技服务等重要依据。

（三）健全学术期刊管理制度。新闻出版等管理部门要健全完善期刊管理制度，要求各类期刊建立符合本专业本领域特点的科研诚信规范，将质量信用纳入审检的主要内容。学术期刊出版单位要进一步健全内部管理制度，加强对编审的教育管理，加强对学术论文的审核把关，切实提高审稿质量，坚决杜绝买卖论文、关系论文等罔顾学术质量、商业利益至上的行为。河北省科技厅、省委宣传部要建立学术期刊预警机制，对相关机构发布的学术期刊预警名单加强跟踪。对在列入黑名单的学术期刊上发表的论文，在各类评审评价中不予认可，不得报销论文发表的相关费用。

（四）健全科研失信行为调查处理制度。河北省科技厅、省委宣传部要依据国家有关规定，加强对严重违背科研诚信要求行为调查处理制度建设的指导。各主管部门结合本行业特点，细化科研失信行为调查处理管理办法，明确调查责任主体、调查处理程序、处理措施等具体要求。从事科学研究的企业、事业单位、社会组织等要建立本单位有关制度，依法依规对各类科研失信行为的调查处理作出明确规定。各责任主体要认真受理科研失信举报投诉，明确办理程序，按各自职能做好调查处理工作。

五、全面加强科研诚信教育宣传工作

（一）坚持科研诚信教育为先。从事科学研究的企业、事业单位、社会组织要建立科研诚信教育培训制度，加强对科研人员、教师、青年学生等科研诚信教育，在入学入职、职称晋升、参与科技计划项目等重要节点必须开展科研诚信教育。对在科研诚信方面存在倾向性、苗头性问题的人员，所在单位应当及时提醒，加强教育引导。

科技计划管理部门、项目管理专业机构以及项目承担单位要结合科技计划组织实施的特点，对承担或参与科技计划项目的科研人员有效开展科研诚信教育。

（二）发挥学会、协会、研究会等社会团体组织作用。学会、协会、研究会等社会团体要建立科研诚信培训教育机制，对本行业本研究领域的科研人员加强科研诚信的教育培训，帮助其熟悉和掌握科研诚信具体要求，引导其自觉抵制弄虚作假、欺诈剽窃等行为，开展实事求是的科学研究。

（三）加大科研诚信宣传力度。充分利用广播电视、报纸杂志等传统媒体及微博、微信、手机客户端等新媒体，加强科研诚信宣传教育。大力宣传科研诚信典型榜样，发挥典型人物示范作用。及时曝光违背科研诚信要求的典型案例，开展警示教育。

六、严格落实对严重违背科研诚信行为查处的规定要求

（一）明确调查处理工作责任。自然科学领域的科研失信行为由河北省科技厅负责监管，哲学社会科学领域的科研失信行为由河北省委宣传部负责监管，并各自做好受理、核查、监管等工作。对受理的案件，要指导和督促责任主体及时进行认真核实和查处；对省内违背科研诚信行为重大案件，必要时组织开展联合调查工作。

违背科研诚信要求行为人所在单位为调查处理第一责任主体，要明确本单位科研诚信调查处理职责分工，主动开展调查处理相关工作。相关行业主管部门要按照职责权限和隶属关系，坚持学术、行政两条线，加强指导和督促。

对从事学术论文买卖、代写代投以及伪造、虚构、篡改研究数据等违法违规活动的中介服务机构，由市场监管、公安等部门按照国家有关法规开展调查、严肃惩处。

保障相关责任主体申诉权等合法权利，事实认定和处理决定应履行对当事人的告知义务，依法依规及时公布处理结果。科研人员要积极配合调查，及时提供完整有效的科学研究记录。对举报不实、给被举报单位和个人造成严重影响的，及时澄清、消除影响。

（二）严格执行对严重违背科研诚信行为的惩戒措施。落实终身追究制度，依法依规对严重违背科研诚信要求行为实行终身追究，一经发现，随时调查处理。相关行业主管部门或严重违背科研诚信要求的责任人所在单位要依据国家有关规定，区分不同情况，根据其严重程度采取以下处理方式：对

责任人进行科研诚信诫勉谈话；取消项目立项资格，撤销或终止项目合同，追回科研项目经费；撤销获得的奖励、荣誉称号，追回奖金；依法开除学籍，撤销学位、教师资格，收回医师执业证书等；一定期限直至终身取消晋升职务职称、申报科技计划项目、担任评审评估专家、被提名为各类人才计划人选资格；依法依规解除劳动合同、聘用合同；终身禁止在政府举办的学校、医院、科研机构等从事教学、科研工作等处罚，以及记入科研诚信严重失信行为数据库或列入观察名单等。严重违背科研诚信要求责任人属于公职人员的，依法依规给予政务处分；属于党员的，依纪依规给予党纪处分。涉嫌存在诈骗、贪污科研经费等违法犯罪行为的，依法移交监察、司法机关处理。对包庇、纵容甚至骗取各类财政资助项目或奖励的单位，有关主管部门要给予约谈主要负责人、停拨或核减经费、记入科研诚信严重失信行为数据库、移送司法机关等处理。

（三）推动科研失信处理结果联合运用。河北省科技厅、省委宣传部要会同省有关部门，加强科研诚信信息的共享共用。准确把握各类科技计划、哲学社会科学研究科研失信的统一处理原则，对有关处理结果互认。加强与有关监管执法部门工作对接和信息整合，推动在行政许可、公共采购、评先创优、金融支持、资质等级评定、纳税信用评价等工作中将科研诚信作为重要参考。

七、着力加强科研诚信信息化建设

（一）建立科研诚信信息系统。河北省科技厅、省委宣传部会同省有关部门建立覆盖全省的自然科学和哲学社会科学科研诚信信息系统，对科研人员、相关机构、组织等的科研诚信状况进行记录，实现科研诚信记录可查询。研究拟定科学合理、适用不同类型科研活动和对象特点的科研诚信评价指标、方法模型，明确评价方式、周期、程序等内容。重点对参与科研计划（项目）组织管理或实施、科技统计等科技活动的项目承担人员、咨询评审专家，以及项目管理专业机构、项目承担单位、中介服务机构等相关责任主体开展诚信评价。

（二）健全科研诚信信息管理制度。建立科研诚信信息采集、记录、评价、应用等管理制度，明确实施主体、程序、要求。根据不同责任主体的特点，制定面向不同类型科技活动的科研诚信信息目录，明确信息类别和管理流程，规范信息采集的范围、内容、方式和信息应用等。

（三）促进科研诚信信息共享应用。逐步推动与全国科研诚信信息系统互联互通，分阶段分权限实现信息共享，为实现跨地区跨部门联合惩戒提供支撑。

八、营造诚实守信激励创新的良好环境

（一）加强党对科研诚信建设工作的领导。各级各有关部门要高度重视科研诚信建设工作，加强组织领导，明确工作管理机构和职责。河北省科技厅、省委宣传部和行业主管部门要加强统筹协调和监督管理，推动各责任主体建立科研诚信建设目标责任制，明确任务分工，细化目标责任，确保科研诚信建设工作落到实处。

（二）强化科研诚信建设监测评估。加强对科研诚信建设工作的监测评估，对社会广泛关注的科研诚信事件，督导责任主体采取措施，既要对严重失信行为严肃查处，又要对严重失实的及时澄清。积极开展有关科研诚信的学术交流合作，加强对实际工作中产生的科研诚信建设新情况新问题研究，不断完善科研诚信规范，有效解决跨国跨地区科研诚信案件。

（三）建立容错纠错机制。各级各有关部门要科学判定大胆探索中的科研失败与主观违背诚信要求的失信行为之间的区别。科研活动责任单位须加强科研过程精细化管理，强化对科研过程和结果的审核和验证，建立鼓励创新、宽容失败的容错纠错机制。对确因勇于创新造成的失败要充分理解和激励，对确因科研不端造成的失信要认真核实、严肃查处。

（四）正确引导社会舆论。充分发挥新闻媒体、社会公众等对科研诚信建设的宣传和监督作用，弘扬社会主义核心价值观，加强对科研诚信的正面引导，大力宣传潜心科研、淡泊名利、严谨治学、珍视荣誉的先进典型，如实报道违背科研诚信要求的事件，在全社会形成恪守诚信、求真务实、勇于创新的良好风尚。

河北师范大学科研诚信管理暂行办法

校科〔2020〕10号
（2020年10月6日）

第一章 总则

第一条 为弘扬科学精神，倡导创新文化，营造诚实守信的良好科研生态环境，强化科研活动相关责任主体的诚信意识，恪守诚信规范，遏制科研不端失信行为，根据中共中央办公厅、国务院办公厅《关于进一步加强科研诚信建设的若干意见》、科学技术部令第19号《科学技术活动违规行为处理暂行规定》、河北省委办公厅、省政府办公厅《关于加强科研诚信建设的实施意见》等文件精神，结合本校实际，制定本办法。

第二条 本办法遵循客观公正、科学合理、分级分类、强化监督的基本原则。

第三条 本办法适用于科研人员从事科研活动全过程，具体包括科研计划项目的指南编制、申报与立项、执行与验收、监督与评价等管理和实施全过程；各类科研创新基地（平台）、奖励、人才等专项的申请与受理、评审与认定、考核与验收等管理和实施全过程；学术成果发表、技术成果转让以及学术交流活动全过程等。

第四条 本办法所称科研人员是指我校从事科研活动的在职教职工、离退休教职工、博士后流动站研究人员，以及以河北师范大学的名义从事科研活动的访问学者、进修教师和兼职人员等。

第五条 本办法所称科研诚信管理，包括科研诚信建设和科研失信行为管理。科研诚信建设的主要任务包括建立规章制度、明确管理责任、完善内部监督、加强预防教育等。科研失信行为管理的主要任务包括对学术不端等失信行为的调查、认定、记录与惩戒等。

第六条 学校学术道德委员会全面负责全校科研诚信管理工作。科技处、社会科学处、各学院（系、部、中心）在学校学术道德委员会指导下实施科研诚信建设主体职责，对科研失信行为进行调查取证。

第二章 科研诚信建设

第七条 学校学术道德委员会全面负责学校的学风建设、学术道德规范管理、科研诚信管理工作，制定学校的相关管理规章制度，对科研失信行为进行认定和处理。

第八条 科技处、社会科学处在科研管理工作中对科研诚信办法进行宣传培训，及时将上级部门和学校有关学术道德规范、科研诚信建设的文件精神传达到学院（系、部、中心）和相关科研人员，在科研项目申请、科研经费使用、科研创新平台建设、科研奖励、人才项目管理等工作中推行科研诚信承诺制度，督促将科研诚信建设落实到科研活动全过程。

第九条 科技处、社会科学处建立健全科研活动管理制度，督促相关学院和项目负责人将科研活动实施过程中的全部相关原始记录材料进行整理存档，做到科研活动可追溯。

第十条 各学院（系、部、中心）要将科研诚信相关内容列入本单位岗位职责、工作守则、行为规范等内部规章制度，对本单位人员遵守科研诚信要求及责任追究作出明确规定。

第十一条 各学院（系、部、中心）要加强科研诚信教育预防，在员工入职、职称职务晋升和科研项目申报、检查等重要节点开展科研诚信教育。对在科研诚信方面存在倾向性、苗头性问题的人员，要及时开展提醒谈话、批评教育。

第十二条 各学院（部、中心）要加强科研成果诚信管理，建立学术论文发表诚信承诺制度，加强科研活动原始记录和数据的保存，定期检查本单位科研人员的原始研究数据、图表、实验记录等科研相关材料，完善内部监督约束机制。

第十三条 科研人员要恪守科学道德准则，遵守科研活动规范，践行科研诚信要求，在科研活动中做好原始科研数据、图表、实验记录等资料的保存工作。

第十四条 科研项目负责人、研究生导师等要充分发挥言传身教作用，加强对团队或项目（课题）组成员、所指导的学生等的科研诚信教育与管理，对学术论文或知识产权等科研成果的署名、研究数据及图表的真实性、实验的可重复性等进行审核把关。

第三章 科研失信行为范围

第十五条 科研失信行为，是指科研人员参与科研活动中违反科研诚信规定的行为。失信行为分为一般失信行为和严重失信行为。

（一）一般失信行为主要包括：

1. 项目负责人违反科研计划项目管理办法（或合同约定），未按项目主管单位要求报送项目执行情况、项目变更、工作进展及报告等要求报送的材料；

2. 项目负责人承担的科研项目被项目主管单位列入无故擅自终止结题项目或无正当理由未能完成项目考核指标、无正当理由未能通过专项工作考核验收或者逾期超过6个月未提交考核验收申请材料等；

3. 其他未按规定履行职责并造成一定不良影响的行为。

（二）严重失信行为主要包括：

1. 采取贿赂、造假、故意重复申报等不正当手段获得科研活动审批，获取科研计划项目（专项、基金等）、科研经费、奖励、荣誉等；

2. 故意夸大研究基础、学术价值或科研成果的技术价值、社会经济效益，隐瞒技术风险，造成负面影响或财政资金损失；

3. 在职务职称晋升、荣誉评定、学位申请、研究生导师遴选等过程中提供虚假学术信息；

4. 抄袭、剽窃、侵占、篡改他人研究成果或项目申请书，侵犯他人知识产权；

5. 编造项目研究过程，伪造、篡改研究数据、图表、结论、检测报告或用户使用报告，捏造事实、编造虚假研究成果；

6. 买卖、代写论文或项目申请书，虚构同行评议专家及评议意见；

7. 违反论著、奖励、专利等研究成果署名规范；

8. 违反科研资金管理规定，虚报、冒领、套取、转移、挪用、贪污科研经费，谋取私利；

9. 违反科研伦理规范；

10. 违反国家和学校有关知识产权保护、科技活动保密规定，以不正当方式使用专利，将职务发明据为己有或擅自转让；

11. 违反有关咨询评审学术活动的相关规定；

12. 不配合监督检查和考核评估工作，提供虚假材料，对相关处理意见拒不整改或虚假整改；

13. 其他严重违反科研诚信规定的科研不端行为。

第十六条 对具有本办法第十五条行为的责任主体，且受到以下处理的，纳入严重失信行为记录。

（一）受到刑事处罚或行政处罚并正式公告。

（二）受审计、纪检监察等部门查处并正式通报。

（三）受相关部门和单位在监督检查中查处并以正式文件发布。

第四章 科研失信行为调查与认定

第十七条 学校学术道德委员会负责受理有关科研失信行为的举报。科研失信行为的调查和取证由学校学术道德委员会或其授权科技处、社会科学处以及相关学院（系、部、中心）组成专门调查组负责。

第十八条 学校学术道德委员会对科研失信行为调查可以通过查询资料、现场查看、实验验证、询问举报人和被举报人、询问证人等方式进行。在查清事实的基础上形成调查报告。调查报告应包括科研失信行为的确认、调查过程、事实认定及理由、调查结论等。学校学术道德委员会召开专门会议对学术失信行为进行最终认定，提出处理意见。

第十九条 学校学术道德委员会原则上只受理科研失信行为的实名举报，且具有下列条件：有明确的举报对象；有科研失信的事实；有客观的证据材料或者查证线索。对事实清楚、证据充分的科研失信行为举报，学校学术道德委员会可主动开展调查。

第二十条 对媒体公开报道、其他科研机构或社会组织主动披露的涉及学校的科研失信行为，学校认为必要的，可委托学校学术道德委员会进行调查和认定。

第二十一条 学校学术道德委员会接到科研失信行为举报材料后，15个工作日做出是否受理的决定，并通知举报人。不予受理的，应当说明理由。

第五章 科研失信行为的处理

第二十二条 学校学术道德委员会根据对科研失信行为认定结论，提请学校对科研失信行为责任主体进行处理。

（一）对一般失信行为处理措施：

1. 警告、诫勉谈话并责令限期整改、内部通报批评；

2. 对限期内拒不整改或虚假整改，纳入严重失信行为。

（二）对严重失信行为处理措施：

1. 通报批评并列入失信"黑名单"，3年内取消其各类项目申报资格和合作项目签订资格；

2. 已立项项目暂缓项目拨款、终止项目执行、追回已拨项目资金等；

3. 凡当年被新列入失信"黑名单"人员，取消当年职务职称评聘、奖励、工作评优等评选资格；

4. 对涉嫌严重违纪的，由学校纪委调查核实后依规给予纪律处分；涉嫌违法的，移送司法部门处理。

第二十三条 科研人员参在与上级部门科研活动中被上级部门认定为科研失信和学术不端的，可依照上级部门处理意见进行处理，对学校造成重大损失和恶劣影响的，学校学术道德委员会将提请学校追加党纪、政纪处分。

第六章 附则

第二十四条 本办法自发布之日起实施。

第二十五条 本办法由学校学术道德委员会负责解释。

燕山大学科研诚信案件调查处理办法（试行）

燕大校字〔2022〕13 号

（2022 年 1 月 9 日）

第一章 总则

第一条 为规范学校科研诚信案件调查处理工作，根据《关于进一步加强科研诚信建设的若干意见》（国务院公报 2018 年第 17 号）《科研诚信案件调查处理规则（试行）》（国科发监〔2019〕323 号）《高等学校预防与处理学术不端行为办法》（教育部 40 号令）《燕山大学学术道德委员会章程》等规定，结合我校实际，制定本办法。

第二条 本办法适用于以燕山大学名义从事科研活动的教职工和学生等。

第三条 本办法所称的科研诚信案件，是指根据举报或其他相关线索，对上述第二条所列人员涉嫌违背科研诚信要求的行为（以下简称科研失信行为）开展调查并做出处理的案件。

科研失信行为是指在科学研究及相关活动中发生的违反科学研究行为准则与规范的行为，包括：

（一）抄袭、剽窃、侵占他人研究成果或项目申请书；

（二）编造研究过程，伪造、篡改研究数据、图表、结论、检测报告或用户使用报告；

（三）买卖、代写论文或项目申请书，虚构同行评议专家及评议意见；

（四）以故意提供虚假信息等弄虚作假的方式或采取贿赂、利益交换等不正当手段获得科研活动审批，获取科技计划项目（专项、基金等）、科研经费、奖励、荣誉、职务职称等；

（五）违反科研伦理规范；

（六）违反奖励、专利等研究成果署名及论文发表规范；

（七）其他科研失信行为。

第四条 开展科研诚信案件调查与认定，应以案件发生时所适用的国家法律、法规、规范和学校规定为依据。

第二章 职责分工

第五条 学术道德委员会负责统筹科研诚信案件的调查与认定工作，科学技术研究院和社会科学处作为学术道德委员会秘书单位，分别负责组织协调自然科学和社会科学领域科研诚信案件的调查与认定工作。

第六条 按照科研诚信案件的性质和内容，案件的调查与初步认定工作，应由学院、学位管理部门、科研管理部门或人力资源管理部门等单位具体牵头负责组织。

学术论文涉嫌科研失信行为的，由第一通讯作者或第一作者所在学院（或论文学科归属学院）牵头调查认定，学术论文其他作者所在单位应积极配合。学院通过院学术委员会贯彻执行相关政策并具体落实科研诚信案件的受理、调查、初步认定等工作。

学位论文涉嫌科研失信行为的，由学位管理部门牵头，相关学院参与，联合开展调查认定工作。

科研项目、科技奖励申报涉嫌科研失信行为的，由科研管理部门牵头，相关学院参与，联合开展调查认定工作。

科技人才申报涉嫌科研失信行为的，由人力资源管理部门牵头，相关学院参与，联合开展调查认定工作。

第七条 被调查人应积极配合调查，如实说明问题，提供相关证据，不得隐匿、销毁证据材料。

第三章 调查与认定

第八条 对科研诚信问题的举报，一般应当以书面方式实名提出，并符合下列条件：

（一）有明确的举报对象；

（二）有明确的违规事实；

（三）有客观、明确的证据材料或查证线索。

第九条 下列举报，不予受理：

（一）举报内容不属于科研失信行为的；

（二）没有明确的证据和可查线索的；

（三）对同一对象重复举报且无新的证据、线索的；

（四）已经做出生效处理决定且无新的证据、线索的。

第十条 学术道德委员会接到科研诚信问题的举报后，按照所涉及问题人员和性质类别，移交调查认定工作牵头单位按照既定程序开展调查与初步认定工作。

牵头单位应在15个工作日内进行初核，初核应由2名以上工作人员进行。初核符合受理条件的，应予以受理。

第十一条 对于被调查人担任一定领导职务的案件，学校可委托第三方进行调查。

第十二条 调查应制定调查方案，明确调查内容、人员、方式、进度安排和保障措施等，经单位负责人批准后实施。

第十三条 调查应包括行政调查和学术调查。行政调查主要对案件的事实情况进行调查，包括对相关原始数据、协议、发票等证明材料和研究过程、获利情况等进行核对验证。学术调查主要对案件涉及的学术问题进行调查。

单位应组成调查组，调查组应不少于5人，根据需要由案件涉及领域的同行科技专家、管理专家等组成。

第十四条 调查需要与被调查人和相关人员谈话的，参与谈话的调查人员不得少于2人，谈话内容应书面记录，并经谈话人和谈话对象签字确认，在履行告知程序后可录音、录像。

第十五条 调查人员可按规定和程序调阅、摘抄、复印、封存相关资料、设备。调阅、封存的相关资料、设备应书面记录，并由调查人员和资料、设备管理人签字确认。

第十六条 调查中应当听取被调查人的陈述和申辩，对有关事实、理由和证据进行核实。可根据需要要求举报人补充提供材料，必要时经举报人同意可组织举报人与被调查人当面质证。严禁以威胁、引诱、欺骗以及其他非法手段收集证据。

第十七条 调查中发现被调查人的行为可能影响公众健康与安全或导致其他严重后果的，调查人员应立即报告，或按程序移送有关部门处理。

第十八条 调查结束应形成调查报告。调查报告应包括调查内容、调查过程、查实的基本情况、违规事实认定与依据、调查认定意见等，调查认定意见应事实清楚、依据充分、结论明确，对举报内容做出客观认定。调查报告须由全体调查人员签字。

如需补充调查，应确定调查方向和主要问题，一般由原调查人员进行，并根据补充调查情况重新形成调查报告。

第十九条 调查组应自决定受理之日起 6 个月内完成调查。

特别重大复杂的案件，在前款规定期限内仍不能完成调查的，可适当延长调查期限。

第二十条 学院调查组形成调查报告后，应提交学院学术委员会审议，审议通过后经由学院上报校学术道德委员会。

第二十一条 校学术道德委员会根据调查单位提交的调查报告，对调查认定意见进行审议。

第四章 复议与处理

第二十二条 校学术道德委员会将审议通过后形成的调查认定结论告知被调查人，被调查人有异议的，可以在被告知之日起 30 日内向校学术道德委员会提出书面复议申请，由校学术道德委员会决定是否受理复议。异议期满被调查人未提出异议的，视为放弃复议的权利。

第二十三条 复议申请必须明确理由并提供充分证据。仅以对调查认定结论不服为由，不能说明其他理由并提供充分证据，或以同一事实和理由提出复议申请的，不予受理。

第二十四条 决定受理的，应再次组织核查。一般由原调查人员进行调查，如有需要可以另行组织调查组或者委托第三方进行调查。决定不予受理的，应当书面通知被调查人，执行原决定。

复议原则上应自受理之日起 90 个工作日内完成。

第二十五条 校学术道德委员会将调查认定结论转交给人力资源处、研究生院、教务处、科学技术研究院、社会科学处、监察处、组织部、学生工作处等学校相关部门，相关部门按各自职责范围，依据行为的性质和情节轻重，按照有关规定和程序，在 20 个工作日内提出初步处理意见。

第二十六条 处理意见包括以下措施：

（一）科研诚信诫勉谈话；

（二）一定范围内或公开通报批评；

（三）暂停财政资助科研项目和科研活动，限期整改；

（四）终止或撤销财政资助的相关科研项目，按原渠道收回已拨付的资助经费、结余经费，撤销利用科研失信行为获得的相关学术奖励、荣誉称号、职务职称等，并收回奖金；

（五）一定期限直至永久取消申请或申报科技计划项目（专项、基金等）、科技奖励、科技人才称号和专业技术职务晋升等资格；

（六）取消已获得的高层次专家称号，学会、协会、研究会等学术团体以及学术、学位委员会等学术工作机构的委员或成员资格；

（七）一定期限直至永久取消作为提名或推荐人、被提名或推荐人、评审专家等资格；

（八）一定期限减招、暂停招收研究生直至取消研究生导师资格；

（九）暂缓授予学位、不授予学位或撤销学位；

（十）其他处理。

上述处理措施可合并使用。科研失信行为责任人是党员或公职人员的，还应根据《中国共产党纪律处分条例》等规定，给予责任人党纪和政务处分。

科研失信行为责任人是学校教职工的，应按照干部人事管理权限，根据《事业单位工作人员处分暂行规定》给予处分。涉嫌违法犯罪的，应移送有关国家机关依法处理。

第二十七条 校学术道德委员会将调查过程及认定结论向校长办公会汇报，各相关部门将初步处理意见提交校长办公会审议，最后形成学校调查处理决定。

第二十八条 调查处理决定应包含以下内容：

（一）责任人的基本情况；

（二）认定事实情况；

（三）处理决定和依据；

（四）其他内容。

调查处理决定应及时送达被调查人，并告知实名举报人。

第二十九条 当事人对调查处理决定不服的，可按相关规定程序向有关主管部门提出申诉。

第五章 保障与监督

第三十条 参与调查处理工作的人员应遵守工作纪律，遵守保密规定，不得私自留存、隐匿、摘抄、复制或泄露问题线索和涉案资料，未经允许不得透露或公开调查处理工作情况。

第三十一条 调查处理应严格执行回避制度。被调查人或举报人近亲属、证人、利害关系人、有研究合作或师生关系或其他可能影响公正调查处理情形的，不得参与调查处理工作，应当主动申请回避。

第三十二条 调查处理应保护举报人、被举报人、证人等的合法权益，不得泄露相关信息，不得将举报材料转给被举报人或被举报单位等利益涉及方。对于调查处理过程中索贿受贿、违反保密和回避原则、泄露信息的，依法依规严肃处理。

第三十三条 对举报人捏造事实，诬告他人，恶意举报的，应依据相关规定对举报人严肃处理。

第六章 附则

第三十四条 本办法未尽事宜,按照上级有关办法和规定执行。

第三十五条 本办法自发布之日起实施,《燕山大学预防与处理学术不端行为办法》(燕大校字〔2017〕288 号)同时废止。

第三十六条 本办法由校学术道德委员会负责解释。

参考文献

一、专著类

[1] 肖玉梅. 高等教育行政管理学 [M]. 北京：中国人民大学出版社，2006.
[2] 薛天祥. 高等学校科研管理 [M]. 上海：华东师范大学出版社，1988.
[3] 李新荣. 高等院校科研管理研究 [M]. 北京：中国经济出版社，2008.
[4] 朱秀英，等. 高等学校管理创新研究 [M]. 北京：中国社会科学出版社，2013.
[5] 默顿. 科学社会学 [M]. 鲁旭东，林聚任，译. 北京：商务印书馆，2003.
[6] 大卫·古斯顿. 在政治与科学之间确保科学研究的诚信与产出率 [M]. 龚旭，译. 北京：科学出版社，2021.
[7] 威廉·布罗德，尼古拉斯·韦德. 背叛真理的人们 [M]. 朱进宁，方玉，译. 上海：上海科技教育出版社，2004.
[8] 美国医学科学院，美国科学三院国家科研委员会. 科研道德：倡导负责任行为 [M]. 苗德岁，译. 北京：北京大学出版社，2007.
[9] 山崎茂明. 科学家的不端行为：捏造·篡改·剽窃 [M]. 杨舰，程远远，严凌纳，译. 北京：清华大学出版社，2005.

［10］Nicholas H Steneck. 科研伦理入门：ORI 介绍负责任研究行为［M］.曹南燕，吴寿乾，姚莉萍，译.北京：清华大学出版社，2005.

［11］科学技术部科研诚信建设办公室.科研诚信知识读本［M］.北京：科学技术文献出版社，2012.

［12］爱德华·希尔斯.学术的秩序：当代大学论文集［M］.李家永，译.北京：商务印书馆，2007.

［13］安东尼·吉登斯，菲利普·萨顿.社会学基本概念［M］.王修晓，译.北京：北京大学出版社，2019.

［14］彼得·什托姆普卡.默顿学术思想评传［M］.林聚仁，等译.北京：北京大学出版社，2009.

［15］北京市科学道德和学风建设宣讲教育领导小组.科学道德和学风建设［M］.北京：中国科学技术出版社，2012.

［16］龚旭.科学政策与同行评议：中美科学制度与政策比较研究［M］.杭州：浙江大学出版社，2009.

［17］教育部社会科学委员会秘书处组.学术规范与学风建设论坛［M］.北京：高等教育出版社，2005.

［18］江新华.学术道德的本质、失范与教育［M］.武汉：华中科技大学出版社，2018.

［19］刘军仪.美英科研诚信建设的实践与探索［M］.北京：党建读物出版社，2016.

［20］罗伯特·弗洛德曼，J 布瑞特·霍尔布鲁克，卡尔·米切姆，等.同行评议、研究诚信和科学治理［M］.夏国军，朱琴，译.北京：人民出版社，2012.

［21］麦克里那.科研诚信：负责任的科研行为教程与案例［M］.3 版.何鸣鸿，陈越，译.北京：高等教育出版社，2011.

［22］沈亚平.学术诚信与建设［M］.北京：高等教育出版社，2017.

［23］王恩华.学术越轨批判［M］.长沙：湖南师范大学出版社，2005.

［24］文丰安.中国大学学术规范化与治理研究［M］.北京：中国社会科学出版社，2018.

[25] 闫光才.美国的学术体制：历史,结构与运行特征［M］.北京：教育科学出版社,2011.

[26] 印波.科研伦理与学术规范：高等学校预防与处理学术不端行为办法一百问［M］.北京：法律出版社,2018.

[27] 约翰·S布鲁贝克.高等教育哲学［M］.王承绪,郑继伟,张维平,等译.杭州：浙江教育出版社,1987.

[28] 詹姆斯·J杜德斯达.21世纪的大学［M］.刘彤,屈书杰,刘向荣,译.北京：北京大学出版社,2020

[29] 主要国家科研诚信制度与管理比较研究课题组.国外科研诚信制度与管理［M］.北京：科学技术文献出版社,2014.

[30] 杰里·加斯顿.科学的社会运行：英美科学界的奖励系统［M］.顾昕,等译.北京：光明日报出版社,1988.

[31] 张勘,沈福来.科学研究的逻辑：思考、判断胜于一切［M］.北京：科学出版社,2015.

[32] 亚伯拉罕·马斯洛.动机与人格［M］.3版.许金声,等译.北京：中国人民大学出版社,2007.

[33] 马克斯·韦伯.社会学的基本概念［M］.胡景北,译.上海：上海人民出版社,2000.

[34] 默顿.社会理论和社会结构［M］.唐少杰,齐心,译.南京：译林出版社,2006.

[35] 风笑天.社会学研究方法［M］.北京：中国人民大学出版社,2005.

[36] 何晓群.多元统计分析［M］.北京：中国人民大学出版社,2004.

[37] ＢＳ布卢姆,等.教育目标分类学 第一分册：认知领域［M］.罗黎辉,丁证霖,石伟平,等译.上海：华东师范大学出版社,1986.

[38] 唐纳德·肯尼迪.学术责任［M］.阎凤桥,等译.北京：新华出版社,2002.

[39] 冯坚,王英萍,韩正之.科学研究的道德与规范［M］.上海：上海交通大学出版社,2007.

[40] 学术诚信与学术规范编委会.学术诚信与学术规范［M］.天津：天津大

学出版社，2011.

[41] 霍勒斯·弗里兰·贾德森.大背叛：科学中的欺诈［M］.张铁梅，徐国强，译.北京：生活·读书·新知三联书店，2011.

[42] David Koepsell.Scientific integrityand researchethics［M］.Germany：Springer，2017.

[43] Linda C.Gundersen.Scientific integrityand ethicsin the geosciences［M］.NewJersey：Wiley，2017.

[44] Macfarlane.Research with integrity［M］.London：Routledge，2009.

[45] Mark Israel.Research ethicsand integrity for social scientists［M］.New York：Sage，2015.

二、期刊类

[1] 李明.试论高校科研团队的管理与建设［J］.中国高教研究，2007（7）：66-68.

[2] 吕红芝，周靖，周培.国家创新体系建设中研究型大学的科研管理［J］.中国高校科技，2013（10）：20-22.

[3] 秦竹，何立芳.美国大学科研管理的模式及其启示［J］.中国高等教育，2008（增刊1）：76-78.

[4] 王慧慧，单洪.论高校科研管理制度［J］.科技创新导报 2015（30）：197-198.

[5] 王报平，张瑞.高校科研管理模式创新：美、英、日三国的经验与启示［J］.科学管理研究，2014（4）：117-120.

[6] 孙平.科研诚信的挑战和应对策略［J］.科技管理研究，2011，31（22）：219-222.

[7] 万慧颖，华灵燕.高校科研不端行为的信用监督与失信惩戒［J］.中国高校科技，2017（7）：29-30.

[8] 丁建军.论诚信缺失及机制创新［J］.湖北社会科学，2005（11）：121-123.

[9] 苏洋洋,董兴佩.论我国高校科研诚信教育制度之完善[J].山东科技大学学报(社会科学版),2019,21(2):110-116.

[10] 袁子晗,靳彤,张红伟,等.我国42所大学科研诚信教育状况实证分析[J].科学与社会,2019,9(1):50-62.

[11] 刘启玲,耿安松,李役青.论科技奖励的激励和导向作用[J].科技管理研究,1998(3):31-32.

[12] 王岚.科技奖励制度改革的分析与思考[J].水利发展研究,2018,18(9):81-84.

[13] 袁清,黄骏.改革学术评价机制 促进科研诚信建设[J].浙江学刊,2018(5):6-8.

[14] 陈德敏.科技评价的客观公正与路径选择[J].中国高校科技,2013(10):7-10.

[15] 董兴佩,于凤银.我国科研不端行为惩戒制度缺失论析[J].山东科技大学学报(社会科学版),2011,13(1):56-63.

[16] 曹蓓,刘辉,张虹等.高校科研诚信建设的现状与对策[J].科技管理研究,2014,34(15):89-91,107.

[17] 谭华霖,吴昂.我国科技成果第三方评价的困境及制度完善[J].暨南学报(哲学社会科学版),2018,40(9):32-40.

[18] 宋旭红.论我国学术评价中的程序正当和结果公正[J].清华大学教育研究,2019,40(2):72-82.

[19] 危怀安,韦滨.科研诚信问题的整体性治理[J].科技进步与对策,2019,36(21):106-111.

[20] 袁娜,韩小威.我国公共政策评估存在的问题及其完善研究[J].农村经济与科技,2018,29(10):262.

[21] 彭娟,刘志锋.我国企业信用约束机制探析[J].世界标准化与质量管理,2007(8):51-53.

[22] 马佰莲,谢婧.近十年国内科研诚信研究述评[J].齐鲁师范学院学报,2012,27(6):49-54.

[23] 胡元姣.哲学社会科学科研诚信制度构建与政策思考[J].决策探索

（下），2019（10）：18-19.

[24] 张宇，李立.高校科研论文诚信问题及相关防范机制建立[J].中国编辑，2019（2）：67-70.

[25] 高丛菊，沈黎，迟殿元.关于学术诚信机制的建立与思考[J].齐齐哈尔医学院学报，2018，39（16）：1981-1983.

[26] 韩扬眉.资源匮乏、与实践脱节：科研诚信不足凸显教育缺位[J].科技传播，2018，10（22）：3.

[27] 梅琳.我国科研诚信建设的现实困境和对策研究[J].天津科技，2020，47（1）：9-12.

[28] 刘兰剑，杨静.科研诚信问题成因分析及治理[J].科技进步与对策，2019，36（21）：112-117.

[29] 杨运鑫，罗红.教育评价的公正性及其促进[J].社会科学家，2013（10）：110-113.

[30] 谭春辉.人文社会科学研究评价程序公正探讨[J].重庆大学学报（社会科学版），2013，19（5）：93-99.

[31] 王喆.论诚信缺失防范机制重建[J].理论导刊，2006（1）：67-68，71.

[32] 黄韬.诚信机制：和谐社会的社会资本内核[J].毛泽东思想研究，2005（5）：142-143.

[33] 杜振吉.关于诚信建设的伦理学思考：诚信问题研究综述[J].伦理学研究，2004（5）：101-106.

[34] 张昭俊，许志攀.基于博弈规则的政府科技奖励制度问题研究[J].内蒙古统计，2019（3）：22-25.

[35] 饶莉，刘荣敏.浅谈高校科技奖励体系构建[J].现代信息科技，2019，3（10）：179-181，184.

[36] 焦贺言.浅析科技奖励评审中同行评议的公正性问题[J].中国高校科技，2019（4）：40-42.

[37] 王岚.科技奖励制度改革的分析与思考[J].水利发展研究，2018，18（9）：81-84.

[38] 李吉锋，赵桂芬.浅析科技奖励中政府与科学共同体的关系[J].中国科技奖励，2018（3）：84-85.

[39] 苏金燕.哲学社会科学奖励：制度构建与政策思考[J].中国社会科学评价，2017（4）：85-97，128.

[40] 杨帆，陶然.河北省高校科研管理队伍专业化建设路径研究[J].法制博览，2020（4）：38-39，42.

[41] 汤丁.以政府为主体的政策评估的质量效益研究[J].宏观经济管理，2019（8）：32-38.

[42] 朱万琼.惩罚的内涵及相关概念的辨析及反思[J].现代交际，2019（18）：137-139.

[43] 白强.大学科研评价旨意：悖离与回归[J].大学教育科学，2018（6）：67-73.

[44] 赵磊，宋婷婷.高校科研管理激励机制存在的问题及对策[J].价值工程，2014，33（5）：186-187.

[45] 李志民.浅谈科技评价[J].中国高校科技，2015（11）：4-6.

[46] 肖雪珍，王念，殷刚.科研诚信教育的内涵、途径和意义[J].教育教学论坛，2014（10）：9-11.

[47] 王阳，张保光.贝尔实验室与舍恩事件调查：科研机构查处科学不端行为的案例研究[J].科学学研究，2014，32（4）：501-507.

[48] 赵爱玲.引进"出局"规则惩戒诚信缺失[J].思想教育研究，2004（8）：31-39.

[49] 邝小军.默顿科学规范争论中的误解与范式之战[J].齐齐哈尔大学学报（哲学社会科学版），2010（6）：5-8.

[50] 杨帆."双循环"发展新格局下智库的作用和建设路径研究[J].商展经济，2022（7）：21-23.

[51] 马来平.科学发现优先权与科学奖励制度[J].齐鲁学刊，2003（6）：63-67.

[52] 陈雨，李晨英，赵勇.国内外科研诚信的内涵演进及其研究热点分析[J].中国科学基金，2017，31（4）：396-404.

[53] 陈德敏. 科技评价的客观公正与路径选择 [J]. 中国高校科技, 2013 (10): 7-10.

[54] 汪伟良, 刘红. 基于结构方程模型的科研诚信行为影响因素 [J]. 中国科技论坛, 2015 (4): 5-10.

[55] 马冉. 推进新发展格局下的新型智库建设 [J]. 中国工业和信息化, 2021 (12): 38-41.

[56] 朱万琼. 惩罚的内涵及相关概念的辨析及反思 [J]. 现代交际, 2019 (18): 137-139.

[57] 滕建华, 郭雪娜, 于璐. 研究生学术诚信现状的调查与分析 [J]. 黑龙江高教研究, 2014 (3): 109-112.

[58] 史冬波, 周博文. 科研不端行为特征与治理对策: 国家自然科学基金披露科研不端行为的实证分析 [J]. 科技进步与对策, 2019, 36 (3): 106-110.

[59] 蒙大斌, 张立毅, 刘小军. 区域科研诚信体系成熟度评价模型研究: 基于 BP 神经网络方法 [J]. 科技进步与对策, 2019, 36 (21): 118-124.

[60] 胡苗苗. 科技人员科研诚信评价模型初探 [J]. 科技管理研究, 2010, 30 (1): 69-70.

[61] 曹悦. 创新科研激励机制 促进科研工作发展 [J]. 教育教学论坛, 2013 (38): 270-272.

[62] 李庆涛. 中国科技奖励制度存在的问题与建议 [J]. 经济研究导刊, 2013 (1): 221-223.

[63] 杨卫. 学者有德 行者守端 [J]. 中国科学基金, 2017, 31 (1): 1-2.

[64] 赵君, 鄢苗. 科研不端行为的概念特征、理论动因与影响因素 [J]. 中国科学基金, 2016, 30 (3): 243-249.

[65] 解本远. 科研不端行为的制度成因分析 [J]. 首都师范大学学报 (社会科学版), 2013 (3): 51-55.

[66] 胡春艳, 刘建义. 学术不端行为的成因及治理: 社会资本的视角 [J]. 湖南大学学报 (社会科学版), 2012, 26 (4): 125-130.

[67] 方玉东, 方纪坤, 张莉莉, 等. 学术不端行为成因研究综述 [J]. 中国

高校科技，2011（11）：15-17.

[68] 王锋.科学不端行为及其成因剖析[J].科学学研究，2002（1）：11-16.

[69] 汪俊.成果共享视角下科研不端行为的治理机制[J].中国科学基金，2015，29（5）：359-364.

[70] 蒋来，詹爱岚.高校科研活动中的不端行为及对策研究[J].中国科学基金，2015，29（1）：30-36.

[71] 黄宝东.基于道德强度分析的学术不端行为成因及对策研究[J].湖北社会科学，2014（11）：112-114.

[72] 韩小彬，梁振东.计划行为理论视角下的学术不端行为探析[J].教育评论，2014（10）：50-52.

[73] 汪伟良，刘红.基于共词分析的我国科研诚信研究现状[J].科学管理研究，2014（4）：35-39.

[74] 陈艳.关于研究生学术失信治理的思考[J].思想教育研究，2014（2）：88-91.

[75] 孔艳，张铁明.学术不端研究综述及建立遏制学术不端的"第三类法庭"[J].编辑学报，2013，25（5）：422-426.

[76] 解本远.科研不端行为的制度成因分析[J].首都师范大学学报（社会科学版），2013（3）：51-55.

[77] 赵书松，赵君.博士研究生科研不端行为影响因素研究[J].研究与发展管理，2013，25（3）：96-105.

[78] 刘尧，余艳辉.大学教师学术不端行为的诊断与防治[J].大学教育科学，2010，1（1）：60-67.

[79] 常亚平.高校学者学术不端行为影响因素的实证研究：基于个人因素的数据分析[J].科学学研究.2008，26（6）：1238-1242.

[80] 夏书章.学术腐败[J].中国行政管理，2007（1）：87.

[81] 董兴佩.中美科研不端嫌疑人隐私权保护制度之比较[J].科学学研究，2012，30（5）：667-672.

[82] 董兴佩.中美科研不端举报人保护制度之比较[J].中国科技论坛，

2016（10）：155-160.

[83] 胡金富，史玉民. 美国科研不端记录系统的制度内涵［J］. 中国科学基金，2017，31（2）：205-208.

[84] 常宏建. 科研不端行为界定模式的国际比较与借鉴［J］. 中国科学基金，2017，31（2）：200-204.

[85] 陈雨，李晨英，赵勇. 国内外科研诚信的内涵演进及其研究热点分析［J］. 中国科学基金，2017，31（4）：396-404.

[86] 冯军. 高校科研的作用及其影响［J］. 武汉科技学院学报，2007（2）：79-82.

[87] 王宇红. 我国高校科研管理理论研究的回顾与思考［J］. 福建论坛（人文社会科学版），2008（12）：31-33.

[88] 袁仁贵. 大力推进科研管理创新 全面提升高校哲学社会科学研究能力［J］中国高等教育，2004（17）：5.

[89] Barde F，Peiffer-Smadja N，de La Blanchardière A. Scientific misconduct：a major threat for medical research.［J］.Pubmed，2020，41（5）：330-334.

[90] Tang Bor Luen，Lee Joan Siew Ching. A reflective account of a research ethics course for an interdisciplinary cohort of graduate students［J］.Pubmed，2020，26（2）：1089-1105.

[91] Resnik D B. Editorial：Does RCR Education make students more ethical，and is this the right question to ask?［J］.Accountability in Research，2014，（21）：211-217.

[92] HubZwart，Ruud Meulen. Addressing research integrity challenges：from penalising individual perp etrators to fostering research ecosystem quality care［J］.Springer Berlin Heidelberg，2019，15（1）：5.

[93] Larigot Lucie. Scientific integrity and research：towards relearning to prevent unintentional scientific misconduct?［J］.Pubmed，2019，35（8-9）：693-695.

[94] Ekaterina Pivovarova，Robert L Klitzman，Alexandra Murray，et al. How

single institutional review boards manage their own conflicts of interest：findings from a national interview study［J］.2019 by the Association of American Medical Colleges，2019，94（10）：1554-1560.

［95］Horb ach S P J M，Halffman W. The ability of different peer review procedures to flag problematic publications［J］.Pubmed，2019，118（1）：339-373.

三、学位论文类

［1］刘辉.科研诚信问题研究［D］.长春：吉林大学，2011.

［2］史兆新.科研诚信论［D］.南京：南京大学，2019.

［3］王华.中国科研人员科研诚信影响因素及培育策略研究［D］.镇江：江苏大学，2019.

［4］白春阳.现代社会信任问题研究［D］.北京：中国人民大学，2006.

［5］郝玲玲.政府公信力若干问题研究［D］.长春：吉林大学，2010.

［6］刘群彦.科研人员法律意识的社会学研究：以上海为例［D］.上海：华东师范大学，2017.

［7］刘召顺.科学道德范式的当代审视［D］.长春：吉林大学，2017.

［8］罗志敏.大学学术伦理及其规制研究［D］.武汉：武汉大学，2010.

［9］胡金富.科研不端行为查处程序研究［D］.合肥：中国科学技术大学，2018.

［10］潘晴燕.论科研不端行为及其防范路径探究［D］.上海：复旦大学，2008.

［11］吴天昊.马克思主义哲学视域下当代中国诚信问题研究［D］.长春：东北师范大学，2015.

［12］宇文彩.国外科研不端行为的政府监管机制研究［D］.石家庄：河北师范大学，2016.

［13］蔡瑞.国外学术不端行为治理机制及其启示［D］.哈尔滨：哈尔滨师范大学，2015.

［14］武怡. 我国现阶段科研诚信研究［D］. 太原：中北大学，2013.

［15］刘召顺. 科学道德范式的当代审视［D］. 长春：吉林大学，2017.

［16］曲安琪. 美国科研不端行为治理制度化探析［D］. 沈阳：东北大学，2013.

［17］李晟男. 新媒体环境下加强我国社会科学研究者学术道德建设研究［D］. 重庆：重庆师范大学，2017.

［18］李光. 科学研究规范问题研究［D］. 广州：华南理工大学，2019.

［19］赵琦兰. 理工为主高校人文社会科学科研管理体制创新研究［D］. 沈阳：东北大学，2012.

［20］余应鸿. 高校人文社会科学研究人文管理范式研究［D］. 重庆：西南大学，2014.

［21］吴利平. 高校科研管理激励的实证研究：以重庆市部分高校为例［D］. 重庆：西南大学，2008.

后　记

行笔至此，本书的内容已全部撰写完成，笔者内心虽如释重负，但仍然感触良多。回顾本书的写作历程，每一字句都是笔者心血的凝结，也承载了对科研管理工作和研究的热爱与追求。

本书的撰写源于笔者对于科研管理和科研诚信领域长期的关注和浓厚的兴趣。笔者在从事人文社科科研管理工作十余年的时间中，对管理工作一直怀有热情，同时对于管理工作也有很多心得体会。在管理工作中，笔者发现高校的科研诚信建设十分重要，并且有很多值得深入研究之处。近年来，笔者对科研诚信案件偶有接触，工作实践中也进行过有关科研诚信的学习、教育和宣讲工作，对高校的科研诚信建设颇有感触，因此萌生了将工作感悟与研究成果整理成书的念头。研究的过程也是学习的过程。在本书的撰写过程中，笔者不仅从理论研究层面对科研管理和科研诚信建设有了更加深入的理解，而且也通过不断学习新的政策文件、调研学习其他高校的管理经验和方法指导工作实践。研究的过程也是思考的过程：思考如何更好地开展科研管理工作，提升燕山大学的科研管理水平，进而推动学校的"双一流"建设和高质量发展；思考如何做好科研诚信的建设和管理，使科研人员都能够遵守科研诚信规范，使科学研究的过程和结果真实而有效。本书是笔者将工作所得、所感、所想加以提炼而形成的。在本书中，既有笔者对以往科研成果的集结，如高校科研管理队伍专业化建设研究、高校智库的作用及建设路径研究等科研管理的相关研究内容，又

后记

有对于科研诚信建设这一问题的思考。

从本书的起笔,到如今的收尾,已三年有余,其间也曾因为各种主观客观因素有所懈怠,但也没有停止过对研究的积累和思考。这三年间,国家相关部委又相继出台了一系列关于科研诚信的政策文件,如 2022 年科技部等 22 个部门联合发布的《科研失信行为调查处理规则》,2024 年教育部发布的《关于加强高等学校科研诚信建设和学术不端治理的指导意见》和《高等学校学术不端行为调查处理实施细则》等。这些政策文件的出台完善了国家层面的政策体系,同时也对高校的科研诚信建设给予了更规范的指导。这些都是笔者在研究过程中不断学习的动力。本书的撰写,对笔者来说是一次心灵的洗礼。在深入探索科研诚信领域的过程中,笔者认识到作为科研管理人员和研究人员,能做的工作还有很多,需要探索和创新的内容还有很多。拙著虽已完成,但由于笔者研究水平有限,书中仍有值得深入研究、探讨和完善之处,希望各位读者不吝赐教。

在此,特别感谢燕山大学社会科学处的各位领导和同事、河北省内高校从事科研管理工作的同人,无论是在工作还是本书的写作过程中,他们都给予了悉心的指导和无私的帮助。同时,也要感谢河北省哲学社会科学工作办公室,资助本书作为 2020 年度河北省社会科学基金项目(项目名称:基于科研管理视角的河北省高校科研诚信建设研究,项目编号:HB20JY004)的研究成果出版。本书也是笔者送给 5 岁儿子的礼物,希望他能够以诚实守信、善良美好的品格度过一生。

本书的出版只是笔者管理工作和学术生涯的阶段性成果,未来,笔者将继续深耕人文社科科研管理领域,不断提高管理水平,发现新的问题、探索新的方法,希望能够为推动燕山大学社会科学研究的发展贡献力量。

杨帆
2024 年 7 月